# PRINCESSES

Raconté par Geneviève Schurer

Éditions Hemma

106, rue de Chevron
4987 Chevron
Belgique
N° d'impression : 7948.0810
Dépôt légal : 08.08/0058/180
Imprimé en Belgique

*Loi n°49-956 du 16 juillet 1949*
*sur les publications destinées à la jeunesse*

# Le royaume des petits diables

Affaissé sur son trône de soie or, le roi Randolph a du mal à cacher son envie de bâiller.

Près de lui, son garde royal n'est pas loin, lui aussi, de tomber de sommeil.

Et l'ambassadeur bavarde, bavarde... Le roi entend à peine ce qu'il raconte.

– ... Et c'est la raison pour laquelle mon bon roi et la reine ont décidé d'organiser une grande fête... Et bla... bla... bla... Je viens vous porter une invitation pour les princesses royales vos filles. Et bla... bla... bla... Elles sont conviées au Grand Bal royal...

Soudain, la porte de la salle du trône claque et trois petites princesses surgissent en criant et en riant.

–Papa ! Papa ! Regardez ce que j’ai trouvé ! s’écrie Jocelyne.

–Non ! Non ! On l’a trouvé ensemble, crie Kate encore plus fort.

–Hé, Jocelyne ! Kate ! Attendez-moi, gémit Lacey qui fait irruption à son tour.

Les petites princesses viennent d’avoir cinq ans, elles sont triplées et ne se quittent jamais .

–Regardez, papa, c’est un coléoptère ! dit Jocelyne.

–Il est bleu et il a des ailes ! précise Kate.

–Hé ! Il s’envole ! s’alarme Lacey.

Le coléoptère tourne un moment autour de la tête du roi, puis il frôle le nez de l’ambassadeur et file par une fenêtre.

–Vite, venez ! Il est parti par là! clame Jocelyne en s’élançant, suivie de Kate et de Lacey.

–Hum, hum! reprend l'ambassadeur. Comme j'étais en train de vous le dire…

Un instant réveillé par le passage de ses trois dernières petites princesses, et ravi de suivre avec elles le vol du coléoptère, le roi retombe dans une douce somnolence, bercé par la voix assommante de l'ambassadeur.

Mais soudain, faisant crisser le parquet, une balle traverse la pièce, suivie de deux jolies princesses qui courent, leur raquette à la main.

–Heu ! Pardon, papa, on ne fait que passer, dit Eliza en souriant.

Deirdre se concentre, lève sa raquette, et frappe la balle qui décolle à la barbe du roi, frôlant le jabot de dentelle de l'ambassadeur.

–Oups! Je suis désolée, souffle Deirdre.

Je crois que j'ai frappé trop fort.

Et les deux jeunes filles sortent à la poursuite de leur balle.

–Heu… Ce sont vos filles ? demande l'ambassadeur. Elles sont un peu remuantes, non ?

–Elles sont pleines d'énergie, dit le roi, un peu gêné mais souriant.

Boum ! Boum ! Ivy et Harmonie, les jumelles viennent de faire irruption, perchées sur des échasses.

–Papa ! Regardez ! Hé… attention !

Patatras ! Les deux sœurs viennent de tomber l'une sur l'autre en riant.

–Cette fois, c'en est trop, marmonne l'ambassadeur. Vos filles ne seraient pas à leur place à ce grand gala si convenable. Elles semblent si… bizarrement élevées. Majesté, je vous salue, ajoute-t-il en quittant la pièce.

Ce jour-là, dans la salle à manger, à

l'heure du déjeuner, le roi est préoccupé. Il observe ses filles qui s'installent avec fracas autour de la table. Alanna, l'aînée, qui a vingt-trois ans et Bridget, toutes deux en grande conversation, puis Courtney, toujours plongée dans un livre. Arrivent ensuite Deirdre, vingt ans et Eliza, dix-neuf, toujours à leur partie de tennis, qui miment encore les gestes avec des raquettes invisibles et qui bousculent Finna qui porte dans ses bras Tawny, le petit chat de la famille. Les jumelles Ivy et Harmonie, douze ans, et les triplées arrivent ensuite, en se bousculant gaiement.

–8, 9, 10, 11… Le roi compte ses filles.

Face à lui, il reste une chaise vide.

–Mais où est Geneviève ? demande-t-il.

–Désolée, papa, je suis en retard, dit la

jolie princesse en surgissant à son tour.

Autour de la table, les discussions vont bon train et personne n'écoute le roi qui cherche à prendre la parole. Pour se faire entendre, il cogne finalement son verre avec sa cuillère.

–Mes chères filles, je m'inquiète de votre éducation.

Mais personne ne l'écoute, car un valet vient annoncer l'arrivée du bottier. Le bottier ! En désordre, les princesses se ruent vers la porte. Quittant la table la dernière, Geneviève sourit, embrasse son père sur le front et lui murmure :

–Derek nous apporte des chaussures de bal, père…

Alors le roi soupire et, caressant Tawny, le chat, seul à lui tenir compagnie, il avale sa soupe d'un air préoccupé.

## Un jeune bottier amoureux

Dans le jardin, Jocelyne, Kate et Lacey mènent une folle farandole autour de Derek, le jeune et très beau bottier de la cour.

– Allez, Derek, ne nous fais pas languir ! gémissent les petites filles. Montre-nous vite nos chaussures.

– Vous êtes sûres que je devais vous apporter des chaussures ? dit Derek en souriant.

– Ouiiiiiiii ! hurlent les triplées.

Alors, Derek ouvre le grand coffre de bois posé à ses pieds et le silence s'installe.

Parmi les plus grandes des princesses qui ont rejoint le bottier, il y a Geneviève.

Elle sourit calmement en regardant Derek. Pourtant, sous son corsage, son cœur bat la chamade ! Elle a le béguin pour le bottier, mais elle est sûre que celui-ci ne la remarque même pas...

Derek, lui, tout en ouvrant le coffre, jette de timides regards en direction de Geneviève. Il est très amoureux d'elle, mais il sait qu'un pauvre bottier a bien peu de chances auprès d'une princesse.

Dans le coffre, il y a des chaussures de danse pour toutes les princesses, mais les plus jolies sont celles que Derek a cousues avec amour pour Geneviève.

– Elles sont superbes ! s'exclame Geneviève en les découvrant. Ce sont les plus belles que j'ai jamais vues.

Derek rougit, embarrassé.

– Allez, Derek ! De la musique ! supplie d'une voix douce la petite Lacey.

Derek, qui ne peut rien refuser à

l'enfant, sort une flûte de sa poche et attaque un air entraînant. Suivant le rythme, les douze princesses dansent parmi les massifs de fleurs en riant.

À présent il fait nuit et les princesses s'apprêtent à se coucher. Elles dorment toutes dans la même très grande chambre, dans douze ravissants lits à baldaquin. Chaque lit reflète le caractère de sa propriétaire. Couvert de livres pour celui de Courtney, encombrés de raquettes et de balles pour ceux d'Eliza et de Deirdre. Bridget a peint un cheval à la tête du sien, et Finna dort au milieu de coussins de dentelle.

–Hé ! Geneviève ! Tu admires tes chaussures ou tu penses au gentil bottier qui les a faites ? demande Finna en souriant.

–Mais qu'est-ce que vous racontez ?

soupire Geneviève, gênée. Il ne me voit même pas. Et d'ailleurs, je m'en moque !

–Oh ! la, la ! Elle est vraiment folle de lui, dit Alanna en riant.

–Attention ! Que personne ne bouge. Je viens de perdre Harold, dit Jocelyne en découvrant que l'une de ses boîtes d'insectes est vide.

–C'est qui, Harold ? Une araignée ? hurle Bridget en sautant sur son lit.

–Mais non ! C'est une adorable chenille, dit Jocelyne. Tiens, la voici ! Allez ! Au dodo, Harold !

Dans la salle du trône, le roi est préoccupé. Face au portrait de son épouse, la jolie reine Isabelle, il soupire :

–Si seulement tu étais là ! Je les adore, nos filles, mais franchement, par moments, je ne les comprends pas…

## L'apparition de Rowena

Ce matin-là, lorsque le carrosse de la duchesse Rowena fait son entrée dans la cour du château, il n'y a pas grand monde pour l'accueillir. Et pourtant, avec sa robe et ses chaussures à la dernière mode, avec son singe apprivoisé et ses manières si élégantes et si théâtrales, Rowena, la cousine du roi Randolphe, est un vrai spectacle. Il faut la voir traverser à pas prudents la cour pavée suivie de son fidèle Desmond, un colosse effrayant qui lui voue une véritable adoration et se laisserait couper en morceaux pour elle… Il faut la voir débarquer avec son énorme tas de malles poussiéreuses, tenant avec grâce un monocle à la dernière mode, derrière lequel elle observe le château de son cousin d'un œil critique.

– Ma cousine ! C'est vraiment aimable à vous d'être venue si rapidement !

– Tout ceci est bien normal, cher cousin, je suis heureuse de pouvoir vous rendre service.

– Venez, Rowena, mes filles vous attendent. Je les sais très impatientes de vous connaître.

Dans l'entrée, les princesses attendent, avec un mélange d'impatience et de curiosité. Leur père leur a tellement parlé de cette cousine, élégante et toujours vêtue à la dernière mode, très au fait des principes de bonne éducation et très à cheval sur l'étiquette ! « Un excellent modèle à suivre, avait dit le roi, pour des princesses dignes de ce nom. Il est temps que vous appreniez à tenir votre rang dans le monde, et Rowena saura vous apprendre les règles d'une éducation de princesse. »

Les princesses avaient poliment écouté leur père, mais elles avaient imaginé qu'il se lasserait vite de les torturer avec ses règles de savoir-vivre. Elles pensaient que, comme il l'avait déjà fait, il abandonnerait vite son rêve de perfection pour autoriser que ses filles soient avant tout des princesses heureuses de vivre. C'est pourquoi elles observaient aujourd'hui Rowena avec curiosité.

La boue sur la jupe de Bridget qui rentrait d'une promenade à cheval, le livre caché derrière la jupe de Courtney, la peinture dans les cheveux de Jocelyne, de Kate et de Lacey : Rowena avait tout vu. Aucun détail ne lui avait échappé !

– Mais il en manque une !

– C'est exact. Où est Geneviève ?

demande le roi.

–Me voici, père ! Pardonnez mon retard. Je vous prie de m'excuser, Votre Grâce, dit-elle en faisant une révérence devant Rowena.

–L'exactitude est la politesse des rois, dit Rowena. Tâchez de ne plus l'oublier.

–Je vous promets d'essayer, marmonne Geneviève, surprise par la voix sèche de cette cousine revêche.

–Eh bien, mon cher Randolphe, il était temps de m'appeler ! Vos filles sont affreusement mal préparées à leur rôle de princesses.

Et, tout en parlant, elle retire la cravache des mains de Courtney, le pinceau des mains de Kate, la raquette de tennis de celles de Deirdre. Enfin, devant les princesses ébahies, elle déplie une robe triste et grise.

– Voici désormais votre uniforme d'apprentie princesse, ajoute-t-elle devant la rangée de jeunes filles affolées.

Le roi, qui perçoit une profonde tristesse dans les yeux de ses filles, préfère les laisser entre les mains de la duchesse Rowena. Et, séance tenante, il s'en va reprendre le cours de ses affaires. L'amour du roi pour ses filles est tel qu'il déteste les voir tristes, mais, maintenant, il n'a plus le choix. Ces jeunes filles doivent devenir des princesses parfaitement éduquées, au lieu de risquer de se voir refuser l'accès à tous les bals des châteaux environnants. Dans ce cas, comment pourraient-elles trouver des maris de leur rang ?

Rowena commence son inspection par la chambre des princesses.

En moins de temps qu'il n'en faut

pour le dire, et grâce à Desmond son géant musclé, Rowena fait nettoyer la pagaille qui s'entasse sous le lit d'Eliza, elle fait arracher les dentelles et les petits cœurs qui ornent celui de Finna, et fait enfourner dans un sac bien étanche la collection d'insectes de Jocelyne.

– Hé ! Mais ils sont vivants ! hurle la jeune princesse, furieuse.

– Ce sont des animaux nuisibles ! tranche Rowena. Ils doivent disparaître ! Désormais, vos lits ne seront plus personnalisés, vous n'êtes plus des bébés ! Desmond, demain, tu poseras sur ces lits de grosses couvertures grises. Rien ne doit vous distraire, mesdemoiselles, de votre apprentissage du « savoir-vivre » !

# Drôle d'anniversaire !

La porte de leur chambre refermée, les princesses se retrouvent toutes, inquiètes et tendues, sur le lit de Geneviève.

– Mais elle est épouvantable ! gémit Finna.

– Si papa pouvait savoir à quoi ressemble vraiment Rowena, il ne la garderait pas.

– Mais c'est tout de même lui qui lui a demandé de venir, remarque Alanna.

– Geneviève, papa t'écoute. Il faut vraiment que tu lui parles ! supplie Bridget.

Le lendemain matin…

– La tour prend le fou ! dit Geneviève,

les yeux pétillants de malice.

–Mais comment n'ai-je pas vu arriver cette attaque? soupire le roi.

–Il est difficile pour vous de tout voir! soupire Geneviève, le regard soudain sérieux. Je voudrais, à ce propos, vous parler de la cousine Rowena.

–Ah! Elle est charmante, n'est-ce pas? demande le roi.

–Heu... Elle est affreusement autoritaire!

–Mais je le lui ai demandé, dit le roi. Je n'ai pas d'autre choix, Geneviève. Votre éducation a pris trop de retard.

–Mon cher cousin! Voici l'heure de votre thé! dit Rowena en poussant brutalement la porte du salon.

Tristement, Geneviève quitte la salle du trône, laissant la place à l'épouvantable Rowena qui ne peut s'empêcher de jeter au passage à la jeune fille un regard méchant et triomphant.

– Tenez, mon cousin, buvez.

En fermant la porte derrière elle, Geneviève entend la voix mielleuse de Rowena et ce ton déplaisant lui donne soudain des frissons.

– On dirait que cette femme a fait entrer le malheur dans ce château, chuchote Geneviève en sortant.

– Il n'a rien voulu entendre. annonce Geneviève à ses sœurs, lorsqu'elles se retrouvent, le soir, dans leur chambre.

– Il pense que Rowena nous aide ! soupire Bridget.

– Bon, allez ! Pensons à la bonne journée de demain, dit Alanna en souriant et en regardant les triplées.

Le lendemain matin, les plus âgées des princesses se sont réveillées en silence. Elles se sont approchées doucement des lits de Jocelyne, Kate et Lacey et, d'une voix douce, elles ont entamé une chanson d'anniversaire. En entendant cet air qu'elles connaissent par cœur, les petites princesses ouvrent les yeux et sourient avec un bel ensemble. Et, comme tous les ans, il ne leur reste plus qu'à s'installer confortablement pour assister à leur spectacle préféré. Pendant qu'Alanna joue de la flûte et Finna de la harpe, tandis que Tawny le chat bat de la patte au rythme de la musique.Geneviève entraîne ses sœurs dans la danse.

–Bon anniversaire, les petites chéries !

Soudain, la porte s'ouvre avec violence, et Desmond livre passage à Rowena.

–Mais que se passe-t-il ici ? gronde Rowena.

–Nous dansons pour l'anniversaire de nos sœurs, dit Geneviève, c'est une tradition qui nous vient de notre mère.

–Malheureusement, votre mère n'est plus là. Je suis responsable de votre éducation, et je vous interdis désormais de chanter et de danser tant que vous ne saurez pas vous conduire comme de vraies princesses.

## Le pays magique

Ce soir-là, les trois dernières petites princesses sont bien tristes.

– C'est la première fois que papa oublie notre anniversaire, dit Lacey.

Geneviève échange avec ses sœurs un regard attendri, mais aussitôt elle ajoute :

– Tenez, mes chéries, nous avons encore un cadeau pour vous ! Maman nous a donné le même pour nos cinq ans.

– Ce livre raconte l'histoire de *La princesse qui aimait danser*. C'était l'histoire préférée de notre mère, ajoute Bridget.

– Lis-nous l'histoire, veux-tu

Geneviève ? demandent les petites filles.

Et toutes les princesses s'installent en cercle pour écouter une nouvelle fois l'histoire de la princesse qui aimait danser.

–Alors, lit Geneviève, la princesse dansa sur le sol dallé, posant un pied sur chacune des dalles. Arrivée sur la douzième, elle tourbillonna trois fois et, à sa grande surprise, une porte secrète s'ouvrit.

–Une porte qui conduit où ? demande Kate.

–À travers une lumière étincelante, elle se retrouva dans un pays magique, avec des arbres d'or et d'argent et des fleurs de pierres précieuses. Et la princesse dansa et dansa avec le prince qui l'attendait…

–Oh ! J'adore cette histoire ! s'exclame Lacey en bondissant sur son lit.

–Hé, nos livres! Tu les as fait tomber.

Geneviève se baisse pour ramasser les

livres, et s'aperçoit que la fleur imprimée sur le livre de Kate ressemble à une fleur incrustée dans l'une des dalles du sol. La fleur du livre de Jocelyne a, elle aussi, sa copie sur une autre dalle.

En définitive, lorsque les livres de toutes les princesses sont rassemblés, il est facile de s'apercevoir que chaque fleur a sa copie sur les dalles du plancher !

– L'histoire dit que la princesse a dansé de dalle en dalle, réfléchit Geneviève. Voyons.

Après quelques tentatives, Geneviève trouve subitement le bon rythme. Chaque fois qu'elle saute sur la bonne dalle, le bruit cristallin d'un carillon résonne. Chaque dalle produit un son différent, et l'ensemble de ces sons produit une musique ravissante. Sur la dernière dalle, comme c'est écrit dans le livre, Geneviève tourbillonne trois fois. Alors, la belle musique des carillons résonne à nouveau et la dalle s'enfonce dans le sol, révélant les marches d'un escalier qui semble dévaler vers une lumière.

Suivie de son chat Tawny, Geneviève descend les marches pas à pas, et traverse le rideau de lumière magique. Incroyable ! De l'autre côté, le spectacle est merveilleux. Un bateau doré est amarré au bord d'un lac scintillant. Au milieu trône une petite île sur laquelle se dresse un pavillon couvert de fleurs de pierres précieuses. Les arbres sont d'or et d'argent et scintillent sous un ciel étoilé.

– Mais c'est un rêve ! s'exclament Bridget et Alanna qui viennent de rejoindre Geneviève. Et, une à une, les douze princesses prennent pied dans le pays magique.

Le bateau les dépose dans l'île, près du pavillon d'or. En sentinelle, à la porte, trônent les statues dorées de trois princes splendides. Geneviève s'amuse à tournoyer autour d'elles et entraîne

Lacey dans sa ronde.

–Dommage qu'il n'y ait pas de musique regrette Lacey.

Elle n'a pas sitôt prononcé ces paroles que les pétales des fleurs de diamant s'ouvrent, répandant une poussière enchantée. Celle-ci retombe en pluie sur douze instruments de musique qui décorent l'arcade.

Et, sous cette pluie magique, les instruments se mettent à jouer une musique entraînante, qui donne d'emblée envie de danser !

Le ballet qu'exécutent les princesses autour du pavillon d'or est allègre et dynamique, et la musique est ponctuée d'incessants éclats de rire des danseuses.

–Hé, attention !

Dans leur enthousiasme, Jocelyne et Kate bousculent leur petite sœur, qui perd l'équilibre et atterrit sur les genoux.

–Aïe, aïe, aïe ! gémit Lacey.

–Ce n'est rien, dit Geneviève. Tu dansais drôlement bien, tu sais ? Viens ! Nous allons nettoyer ton genou avec l'eau du lac.

Lorsque Geneviève pose son mouchoir imbibé sur l'éraflure de Lacey, l'eau se met soudain à scintiller et la trace de la blessure disparaît comme par magie.

–Mais, comment ? demande Lacey.

–Aucune idée, dit Geneviève, stupéfaite.

Alors, Lacey recueille un peu d'eau magique dans ses mains et pense :

« Je pourrai utiliser cette eau extraordinaire chaque fois que je me ferai mal. »

## Les cadeaux du roi

–Est-ce qu'elles ne sont pas mignonnes ?

Alanna sourit et montre du doigt ses trois dernières petites sœurs, endormies ensemble sur un banc d'or.

–Mais il doit être très tard ! s'exclame Geneviève. Regardez ! C'est fou ce que nous avons dansé : mes chaussures sont tout usées.

–Les miennes le sont aussi ! dit Courtney. C'est signe qu'il est temps de rentrer ! Il ne faudrait pas que Rowena s'aperçoive de notre absence.

Le bateau ramène les princesses à la rive. Elles traversent à nouveau la lumière du portail magique, et retrouvent leur chambre au moment où l'horloge du palais sonne trois coups.

– C'était un anniversaire génial ! a le temps de murmurer Lacey, avant de sombrer dans le sommeil.

Ce matin-là au château, autour de la table du petit déjeuner, douze princesses piquent du nez dans leurs bols de lait et bâillent à s'en décrocher la mâchoire.

– Bonjour, mesdemoiselles ! s'exclame Rowena en pénétrant dans la salle à manger, suivie de son géant Desmond.

– Bonjour, répondent les princesses à moitié endormies.

– Vous avez l'air fatiguées ! Vous ne vous êtes pas couchées à l'heure ? Desmond, réveille cette troupe de paresseuses !

Alors, Desmond tape du pied par terre et les murs du château tremblent. Les princesses se réveillent en sursaut.

– Heu… duchesse ! Un monsieur Fabian vous demande, murmure le maître d'hôtel. Et le roi réclame ses filles dans sa chambre.

– Chic ! s'exclament les princesses en se précipitant dans les escaliers, sous le regard furieux de Rowena.

Le roi est assis dans son immense lit royal, l'air las. Mais l'arrivée de ses filles lui rend le sourire.

– Jocelyne, Kate, Lacey ! Je suis navré, je me suis endormi, hier soir, alors que je voulais monter vous souhaiter un bon anniversaire. Mais je pense qu'il n'est pas trop tard pour vous donner vos cadeaux ?

Pendant que ses sœurs ouvrent leurs petites boîtes rondes, Geneviève jette un œil par la fenêtre et voit Rowena remettre un mystérieux paquet à un homme à barbiche noire.

« Qu'est-ce que Rowena mijote ? » se demande Geneviève, intriguée.

De leurs boîtes enrubannées, les triplées ont retiré trois médaillons incrustés de leurs pierres porte-bonheur.

– Oh ! merci ! Merci, papa ! s'exclament Kate, Lacey et Jocelyne en sautant au cou du roi.

Pendant que les princesses entourent leur père, Brutus, l'affreux singe de Rowena, traîne dans la chambre des jeunes filles. Sous le lit de Geneviève, il découvre une paire de chaussures très usées.

« Tiens, tiens ! On dirait qu'on a dansé toute la nuit ici, se dit l'affreux. Allons montrer cela à notre chère maîtresse… »

## Des chaussons de danse

Rowena tourne en rond dans la salle du trône. Elle examine le fauteuil de roi d'un air envieux, lorsque Brutus surgit, sautant de poutre en poutre jusqu'au nez de la duchesse, devant laquelle il exhibe fièrement les chaussons de Geneviève.

–Mais… mais ce sont les nouvelles chaussures de danse des princesses. Et elles sont complètement usées ! Ces sales gamines sont donc sorties danser ? Et tu sais ce que cela veut dire ?

Brutus secoue la tête.

–Cela signifie qu'elles filent danser avec des princes. Et sais-tu ce que cela veut dire ?

Brutus secoue de nouveau la tête.

– Cela annonce des mariages, et, si ces idiotes de princesses se marient, tous mes plans tombent à l'eau ! Et d'où viennent ces chants ? On dirait que c'est de la chambre du roi. Mais que se trame-t-il ici ? ajoute-t-elle, furieuse, en attaquant les escaliers menant à la chambre royale.

– Rowena ! Vous pouvez entrer ! dit le roi en apercevant sa cousine.

– Mais que de bruit ! s'exclame la duchesse. Je croyais que vous aviez mal à la tête ?

– Je suis toujours heureux lorsque mes filles sont là, et j'adore qu'elles chantent pour moi, dit le bon roi en souriant.

– Vous semblez fatigué, mon cher, dit Rowena. Mesdemoiselles, laissez votre père se reposer, maintenant !

– Papa, vous devriez faire venir le médecin, dit Geneviève. Vous êtes si rarement fatigué !

Rowena lance à la jeune fille un regard mauvais, mais le roi répond alors :

– Oui ! C'est une bonne idée, Geneviève.

Quelques instants plus tard, le médecin du roi vient examiner son illustre patient.

– Votre Majesté, prenez du repos et quelques gouttes de cette potion, et vous serez très rapidement rétabli.

– Merci, docteur ! dit Rowena en s'emparant de la potion. Je veillerai personnellement à ce que mon cousin soit bien soigné !

Le docteur sort, Rowena tapote les oreillers du roi.

– Maintenant, mon cousin, il faut vous reposer !

Elle sort, ferme la porte de la chambre et verse dans le premier pot de fleurs venu le contenu de la fiole que vient de lui donner le médecin.

Dans le jardin, les princesses ont retrouvé leur bottier préféré. Derek est revenu, sa célèbre boîte de bois à nouveau pleine de chaussons de danse.

– Heu… Les dernières chaussures que je vous ai apportées ne vous plaisaient pas ? demande le cordonnier, inquiet.

– Mais si, nous les avons adorées ! s'exclame Geneviève. Seulement, elles sont déjà usées.

– Nous sommes allées danser ! précise Finna.

Geneviève esquisse les quelques pas de danse qui ont servi à ouvrir le passage secret et Derek, ébloui, admire sa princesse préférée.

– Mais… c'est de la poussière d'or ! dit Derek en examinant la semelle des chaussons d'Alanna.

– Chut ! C'est un secret ! dit Geneviève en souriant.

– Promis, je ne dirai rien. Je ne voulais pas être indiscret, dit Derek.

– J'ai confiance en vous, Derek ! Au fait, puis-je vous demander un service ? demande Geneviève en posant sa main sur le bras du jeune homme.

– Tout ce que vous voudrez, princesse, dit Derek en rougissant.

– J'ai vu la duchesse Rowena en grande conversation avec un petit homme à barbiche du nom de Fabian. Pouvez-vous vous renseigner sur cet homme ? En toute discrétion, bien sûr.

Ce soir-là, Rowena veille personnellement au coucher des princesses, puis elle place Desmond de garde devant leur chambre.

– Je veux savoir tout ce qu'elles font,

où elles vont, à qui elles parlent, à quelle heure elles ronflent… exige Rowena.

Dès que la duchesse a le dos tourné, les princesses quittent leurs lits sans bruit. Puis Geneviève danse sur les dalles fleuries, et l'escalier secret apparaît dans le sol.

Dans le couloir, Desmond tend l'oreille.

En silence, les princesses se glissent dans l'escalier.

Dans le couloir, Desmond hausse les épaules. Fausse alerte !

Pendant ce temps, les princesses traversent le lac à bord du bateau d'or.

## Que manigance Rowena ?

Ce soir, nous allons danser un ballet ! propose Geneviève, au pied du pavillon d'or.

–Alors, nous devons être habillées en ballerines, dit Ivy.

À peine ces mots sont-ils prononcés que les fleurs autour d'elle s'ouvrent, libérant leur poudre magique. La poudre tombe sur la chemise de nuit d'Ivy et la transforme en ravissant tutu de ballet. D'autres fleurs s'ouvrent à leur tour et répandent leur poudre sur chaque princesse, transformant sa chemise de nuit en tutu.

–Heu… Nous aimerions entendre une musique de ballet, demande Alanna timidement.

Aussitôt, la poudre d'or des fleurs se répand sur les instruments qui, cette fois, jouent une musique de ballet.

Et les princesses dansent… et dansent…

Au même moment, au croisement de deux routes de campagne, Derek rejoint le cheval du mystérieux M. Fabian.

– Pourquoi me poursuivez-vous, à la fin ? demande l'homme à la barbiche.

– J'ai besoin de vous parler, monsieur Fabian, dit Derek en sautant de sa carriole.

– Mais… comment connaissez-vous mon nom ? demande l'homme, effrayé.

– Je veux juste savoir ce que vous mijotez avec la duchesse Rowena, dit Derek.

– Mais je ne vous le dirai pas !

s'exclame Fabian, furieux.

–Vous ne le direz pas ? demande Scooch, le perroquet de Derek, en piquant le crâne et les épaules de l'homme.

–Hein ? Votre oiseau parle ! Mais c'est de la magie, s'affole Fabian, soudain moins secret. Dites à votre bestiole qu'elle me fiche la paix, je vais tout vous dire. Je suis apothicaire, j'ai vendu à la duchesse une potion qu'elle m'a payée avec ce gobelet d'argent.

Derek examine le gobelet sur lequel est gravée l'inscription « Reine Isabelle ».

–Heu… Je vous rachète ce gobelet, propose Derek. Accepteriez-vous un oiseau parleur en échange ?

–Hé ! Ça ne va pas, la tête ? s'insurge Scooch, affolé.

Quelques instants plus tard, Derek regarde s'éloigner sa carriole et son cheval. Scooch est juché sur son épaule et le gobelet d'argent est soigneusement abrité au creux de sa main.

–Allez, courage! dit Derek. Allons montrer ce gobelet à Geneviève.

–Mais, à pied, ça va nous prendre une éternité! gémit Scooch.

–Je peux encore t'échanger contre un cheval et une carriole, le menace Derek en souriant.

Au petit matin, Rowena se présente à la porte des princesses.

–Personne n'est entré ni sorti. Je n'ai pas bougé de la nuit, Votre Grâce! déclare Desmond.

–Parfait! Allez, mesdemoiselles, debout! Une longue journée nous attend!

Mais, dans la chambre, personne ne bouge. Il faut que Brutus batte la mesure avec une brosse et un plat d'argent pour que les princesses finissent par ouvrir un œil.

Alors, Rowena se penche et ramasse sous le lit de Geneviève une paire de chaussons bien usés. Une folle colère la secoue.

– En ligne immédiatement, tout le monde ! Ces chaussons étaient neufs hier. Où avez-vous dansé la nuit dernière ?

– Heu… dans un pavillon, glisse Eliza, interrogée.

– Un bateau magique nous a emmenées, dit à son tour Kate.

– On est sorties par le portail magique, avoue Lacey.

– Magique ! Magique ! Vous êtes toutes en train de me mentir ! hurle Rowena, qui s'avance d'un air menaçant vers Lacey :

– Dis-moi la vérité, demi-portion, ou vous paierez toutes pour vos mensonges !

– Mais, c'est la vérité, chuchote Lacey, effrayée.

Geneviève s'avance pour protéger sa sœur.

– Comment osez-vous lui parler de cette façon ? dit-elle avec rage à Rowena.

– Vous répondez en plus ? Je vais vous mater, moi, et jusqu'à ce que vous ayez tout avoué ! Je vais vous obliger à nettoyer le jardin, et les escaliers… Allez ! Exécution !

## Les princesses ont disparu !

Toute la journée, les princesses balayent, ratissent, frottent, récurent… effrayées qu'en si peu de temps leur vie soit devenue si affreuse !

– Et si encore papa acceptait de nous écouter…

– Je ne comprends pas ce qu'il a ! soupire Geneviève. Vraiment, je ne comprends plus.

Le soleil tombe enfin sur cette journée épuisante. Et, pour retrouver un peu de courage, les princesses se réfugient près d'un magnifique pavillon couvert de fleurs.

– C'est ici que maman nous a appris à

danser, dit Geneviève. Je viens souvent ici lorsque je suis triste.

–Elle me manque tellement ! soupire Lacey en se serrant contre sa grande sœur.

–Tu veux bien m'accompagner, j'aimerais aller embrasser papa ? propose Geneviève.

Mais, devant la chambre du roi, les deux sœurs s'immobilisent en entendant une étrange conversation. Rowena et le roi sont apparemment en train de parler des princesses et, d'une voix faible, le roi semble se plaindre de ses filles. Incroyable !

–C'est vrai que je me fais du souci pour elles ! Je crois même que j'y perds mon sommeil.

Affreusement tristes, les princesses s'éclipsent avant d'entendre la suite du discours royal.

–Mais je les aime tellement ! Elles sont la meilleure part de ma vie.

En courant, Lacey et Geneviève vont rejoindre leurs sœurs, effondrées de fatigue dans leurs lits.

–J'ai mal partout, soupire Deirdre.

–C'est la pire journée de ma vie ! se désole Ivy.

Soudain, Rowena fait irruption, précédée de son affreux singe Brutus. Elle veut à tout prix connaître la vérité.

–Vous vous entêtez dans vos mensonges. Eh bien, demain, vous nettoierez les écuries. Et, pour ce soir, je vous enferme ! ajoute-t-elle en brandissant une énorme clé. Personne n'ira danser, je vous le garantis !

–Est-ce que notre père sait que vous nous enfermez ? demande alors Deirdre.

–Pourquoi croyez-vous qu'il m'ait chargée de votre éducation ? Il est fatigué de vous, qui ne représentez que des charges pour lui.

Rowena quitte la pièce, laissant les princesses effondrées.

– C'est vrai ! soupire Geneviève. Lacey et moi avons entendu notre père dire que nous étions un fardeau.

– C'est terrible ! constate Bridget.

– Tout est devenu si affreux ici, gémit Finna.

– Il existe un endroit où nous ne décevons personne, dit Geneviève.

– Je suis prête ! soupire Eliza en prenant ses chaussons de danse.

– Moi aussi ! s'exclame Deirdre.

Et, à la suite de Geneviève, les princesses s'engouffrent dans le monde magique !

Le lendemain matin, Rowena en perd le souffle. Les princesses ne sont pas dans leurs lits et Desmond n'a jamais vu la porte de la chambre s'ouvrir.

–Elles n’ont pas pu se volatiliser ! hurle-t-elle. Desmond, trouve-les !

Quelques instants plus tard, le roi soupire.

–Je voudrais tant voir mes filles…

–Je vous les enverrai dès qu’elles seront disponibles. En attendant, tenez, buvez ce thé, dit Rowena en tendant au roi une tasse dans laquelle, en douce, elle a versé quelques gouttes d’une mystérieuse fiole.

Plus tard, en se penchant sur son patient, le docteur fronce les sourcils d’un air inquiet.

–Le traitement que je lui ai donné ne semble pas faire effet. Je crains que la mort de la reine Isabelle ne lui ait brisé le cœur. Je ne sais pas si la médecine peut encore quelque chose pour lui.

## Dans le monde magique

Sifflotant gaiement pendant que Scooch volète au-dessus de sa tête, Derek arrive au château.

– Bonjour ! dit-il poliment au maître d'hôtel, j'ai rendez-vous avec la princesse Geneviève.

– Oh, monsieur ! Vous n'êtes pas au courant. Les princesses ont disparu !

– Disparues ? s'étonne Derek.

– Parfaitement ! Disparues ! s'écrie Desmond, qui vient de bousculer le brave maître d'hôtel. Et toi, le bottier, passe ton chemin !

Le géant a eu beau lui claquer la porte au nez, Derek s'entête ! En faisant le tour du château, il finit par trouver un lierre assez solide pour y grimper et se hisser jusqu'à la fenêtre de la chambre des princesses.

– Oh ! la, la ! Tu es fou, gémit Scooch, si nous nous faisons prendre, nous finirons nos jours dans le donjon.

Mais Derek a besoin de comprendre. Il se glisse dans la chambre et examine le sol avec soin.

– Regarde, Scooch, des traces sur ces dalles. 10, 11, 12… Je me souviens de la danse de Geneviève.

Et, sans plus attendre, il en reproduit les pas. Il tourbillonne sur la dernière dalle et voilà que, stupeur, un escalier apparaît dans le sol !

– Tu viens, Scooch ? Tu me suis ?

Ensemble, ils passent alors le portail auréolé de lumière.

– Oh ! la, la ! gémit encore l'oiseau.

Dans la chambre des princesses, une

ombre surgit de sous un lit. C'est Brutus qui était caché là et qui a tout vu !

Au pays magique, loin de se douter que Derek vient de percer le secret de leur disparition, les princesses dansent ! Les fleurs magiques ont même réalisé le souhait de Finna qui rêvait de danser avec un beau prince. Elle ont couvert la statue d'or d'un prince de poussière enchantée et la statue a pris vie. Elle s'est inclinée devant Finna, et lui a tendu une main d'or pour l'inviter à danser. Bridget et Deirdre ont fait le même vœu, et deux autres statues sont devenues leurs cavaliers.

Au château, pendant ce temps, Brutus cherche à alerter sa maîtresse. Il lui fait signe de le suivre dans la chambre des princesses.

–Mais je sais, Brutus, que la chambre

est vide et que les princesses ont disparu !

Mais Brutus s'entête, et pour lui indiquer le passage secret, il saute de dalle en dalle, imitant la danse de Derek.

Rowena, exaspérée, lève les yeux au ciel.

Elle s'apprête à quitter la pièce, lorsque le son d'un carillon retentit. Brutus vient de trouver les bons pas, et l'entrée secrète s'ouvre sous le regard fasciné de Rowena.

–Bravo, Brutus ! dit-elle d'un ton sec.

Au bas des marches, le portail magique scintille toujours et, au bord du lac, les arbres sont bien d'or et d'argent, exactement comme les princesses l'avaient dit.

–Ainsi donc, ces petites morveuses disaient bien la vérité ! grogne Rowena en tendant l'oreille vers une musique qui

semble glisser sur l'eau du lac.

Ignorant que l'affreuse Rowena vient de mettre le pied dans leur pays enchanté, les princesses dansent toujours, tandis que Derek accoste sur l'île. Geneviève n'en croit pas ses yeux ! On dirait même qu'elle rougit un peu !

– Je ne voulais pas vous effrayer, Altesses, dit le jeune bottier, mais je suis venu vous dire que vous aviez raison de vous méfier de la duchesse.

Derek sort de sous sa cape le gobelet d'argent racheté à l'homme à la barbiche.

– Voici ce qu'elle a donné à l'étranger que vous avez vu, explique Derek.

– Comment ? Elle a osé voler le gobelet préféré de notre mère ?

– Oui. Et même que mon maître n'a pas hésité à donner son cheval et sa carriole en échange de ce gobelet ! clame

Scooch.

–Heu… Mais voyons, cela n'est pas important, Scooch, dit Derek en rougissant.

–Je suis tellement touchée, Derek ! répond Geneviève en rougissant à son tour.

–Mais, à votre avis, pourquoi Rowena a-t-elle volé le gobelet de maman ? demande Alanna.

–Je ne sais pas, mais j'ai l'impression que nous devons rentrer pour avertir papa.

Pendant que les princesses s'interrogent, Rowena les observe, l'œil rivé à une longue-vue.

–Merveilleux ! Les princesses sont toutes là ! La chance est avec moi. Viens, Brutus, filons !

# Le triomphe de Rowena

Les princesses sont indécises. Vaut-il mieux continuer à vivre heureuses et cachées, ou est-il préférable d'affronter Rowena ?

– Rowena peut bien penser que nous ne sommes pas des princesses convenables, dit Geneviève. Nous n'en sommes pas moins des princesses. Nous ne pouvons nous contenter de fuir lorsque les choses se compliquent. Papa a besoin de nous !

– Tu as raison, approuve Alanna. Allons-y !

Mais, tandis qu'elles se dirigent vers le bateau, celui-ci disparaît sous leurs yeux.

– Ah ! Que se passe-t-il ?

L’explication de ce mystère se trouve, à cet instant, dans la chambre des princesses. Là où Desmond le géant, armé d’une lourde masse, fracasse une dalle fleurie… puis une autre… et encore une autre.

– Bravo ! Et encore celle-ci ! hurle Rowena.

Et, dans le monde magique, peu à peu, le hangar à bateaux, puis les escaliers disparaissent. Le portail de lumière lui-même finit par s’estomper.

– Nous sommes piégées ! gémit Eliza.

– Que faire ? soupire Deirdre.

La démarche de Rowena est devenue légère et froufroutante. L’affreuse duchesse sent qu’elle atteint enfin son but. Elle entre dans la chambre du roi, une liasse de parchemins à la main.

–Mon cousin, les affaires du royaume vous réclament. Êtes-vous prêt à signer ces quelques documents ?

–Oh ! Rowena, je suis si las ! Et j'aimerais tant voir mes filles !

–Je crois, mon cousin, que vos filles se soucient fort peu de vous en ce moment.

–Rowena, acceptez de me rendre un service. Remplacez-moi jusqu'à ce que je sois rétabli.

–Mais, tout ce que vous voudrez, mon bon cousin ! répond Rowena en tentant de cacher la joie folle qui lui crispe le visage.

Et le roi dicte à son grand chambellan un décret qui fait de Rowena la reine par interim de son royaume.

C'est avec une jubilation extrême que Rowena pose sur sa tête la couronne que lui tend le grand chambellan.

Dans le monde enchanté, les princesses sont anxieuses.

–Je ne peux pas croire qu'un endroit que notre mère aimait tant puisse nous piéger, dit Geneviève pour se donner du courage.

–Il doit y avoir une autre issue, déclare Courtney.

–Et les fleurs, dit alors Geneviève. J'aimerais savoir comment sortir d'ici, ajoute-t-elle en regardant les fleurs de pierres précieuses.

Immédiatement, plusieurs fleurs s'ouvrent, et de la poussière magique tombe sur douze dalles du sol.

–Nous avons dansé pour entrer, dit Harmonie.

–Je suppose que nous devons danser pour sortir, conclut Ivy.

Geneviève se hasarde donc à danser, mais rien ne se passe.

Derek demande la permission d'essayer à son tour. Mais, rien, là non plus.

–Et pourtant, c'est la seule chose à faire ! maugrée Geneviève.

–Je suis tout à fait de cet avis ! assure Derek.

–Incroyable ! Essayons encore !

Et, disant cela, ils posent d'un même élan le pied sur la première dalle.

Cette fois, le carillon se fait entendre. Quel bonheur ! Les princesses poussent à l'unisson un grand soupir de soulagement.

–Princesse, m'accorderez-vous cette danse ? demande Derek en tendant la main à Geneviève. La jeune fille prend son bras et, dans un accord parfait, les voici qui valsent sur le sol dallé du pavillon, le rose aux joues, les yeux dans les yeux.

Les instruments magiques jouent une mélodie parfaitement romantique et, lorsque d'un même pas les danseurs posent leurs pieds sur les dalles, le carillon se joint à la musique.

Soudain le sol lui-même se soulève, dans une brume magique et scintillante. Et un escalier en colimaçon se dessine, grimpe vers les nuages. Vers le pavillon de danse que leur mère a bâti ! Geneviève y pose le pied la première, rapidement suivie de Derek. Et, peu à peu, toutes les princesses se retrouvent dans le monde très doux de leur mère.

Installée sur le trône, la nouvelle reine jubile ! Desmond est à ses côtés et, devant elle, une armée de sentinelles s'aligne.

–Jusqu'à ce que le roi soit rétabli, je suis reine, leur dit Rowena. Vous êtes chargés de me protéger. Quant aux princesses, si vous les voyez, enfermez-les immédiatement dans le donjon. Elles doivent être punies !

–À vos ordres, Majesté ! prononcent les sentinelles respectueusement.

Très doucement, les princesses se risquent hors du pavillon. Et c'est heureux, car deux sentinelles passent par là.

–Les ordres de la reine Rowena ne doivent pas être discutés, dit l'une d'elles.

–La reine Rowena ? note Geneviève choquée.

–Et il faut enfermer les princesses au donjon, dit encore la deuxième sentinelle.

–À mon avis, elles ne reverront pas leur père, qui sera sans doute mort cette nuit, reprend la première.

Alanna étouffe un hurlement de désespoir.

– Vous avez entendu ? C'est affreux !

– Écoutez ! dit Geneviève. Nous avons quelque chose que Rowena n'a pas. Nous sommes douze et l'union fait la force. J'ai un plan !

Rassurées par ce discours, les princesses se rassemblent autour d'elle. Derek et Scooch les rejoignent.

Et c'est ainsi que quelques instants plus tard…

Bridget et Courtney désarçonnent deux gardes en tendant une corde en travers de leur chemin.

Eliza et Deirdre en assomment deux autres en envoyant deux balles de croquet renverser sur leurs têtes deux énormes jardinières.

Harmonie et Ivy en provoquent deux

autres encore, qui se mettent à les poursuivre.

Profitant de ces mulitiples diversions, Geneviève, Derek, Finna et Courtney se précipitent vers le château et s'y engouffrent discrètement. La première chose qu'ils remarquent est le portrait de la reine Rowena, qui vient d'être accroché à la place de celui de la reine Isabelle.

–Elle ne perd rien pour attendre ! jure Finna.

Dans un coin de la chambre du roi, Rowena prépare une tasse de thé très spéciale.

Une dernière tasse, aromatisée à la ciguë...

Sortant de sa manche une fiole de poison, Rowena en verse le contenu dans la tasse du roi.

« Tout le monde pensera qu'il est mort d'une crise cardiaque ! C'est triste ! Et, puisqu'il n'y a plus de princesses, je resterai reine ! »

Alors, très souriante, elle s'approche du roi.

Au bas des escaliers, Desmond croit entendre des voix. Celle de Geneviève qui l'appelle. En fureur, il dévale les escaliers. Mais voilà que Derek dresse une armure devant lui. Desmond s'y heurte et tombe comme une masse sur un chariot que Courtney vient de glisser sous ses pieds. Rapidement, Finna le ligote. Derek, d'un coup de pied, le pousse vers le cellier. Alanna referme la porte sur lui et glisse une barre d'acier dans les encoches. Prisonnier !

Jocelyne, Kate et Lacey sont cachées, elles, dans une haie du jardin.

– Il faut que je donne ceci à Geneviève,

dit Lacey.

– Elle nous a dit de ne pas bouger d'ici, répond Kate. Que veux-tu lui donner ?

– Cette petite fiole accrochée à mon cou, c'est très important, dit Lacey.

Et, sans attendre l'avis de ses sœurs, la voici qui fonce à son tour vers le château.

Dans la chambre du roi, Rowena regarde son royal cousin boire son thé empoisonné.

– Oh ! Ma tête... gémit le roi.

– Tu as régné assez longtemps ! dit Rowena.

Le roi comprend soudain. Il gémit :

– Rowena, qu'as-tu fait ?

À ce moment-là, la porte s'ouvre et Geneviève, suivie de Derek, entre.

– Papa ! Papa ! hurle la princesse.

– Mais enfin... Desmond ! appelle

Rowena.

–Désolée, il ne viendra pas. Il est enfermé et vous n'allez pas tarder à le rejoindre.

Les yeux de Rowena se posent sur deux armures, dans un coin de la chambre. Alors, elle sort de sa poche une fleur magique volée au pays enchanté.

–Armures ! Protégez la reine ! dit-elle.

Et les deux armures s'avancent, brandissant l'une une épée, l'autre une masse.

Pendant que la porte du cellier, cédant sous les coups, finit par tomber, libérant un Desmond fou furieux…

## Les méchants sont enfin punis

Dans la chambre du roi, la bagarre fait rage. Soulevant sa lourde masse, l'armure se jette sur Derek, qui a tout juste le temps de plonger et de rouler sur le sol pour l'éviter.

La seconde armure se précipite vers Geneviève, qui trouve refuge sous une table, juste avant que l'épée n'en fracasse le bois.

Lorsque, pour la seconde fois, les armures se dirigent vers eux, Derek fait tournoyer un pied de table au-dessus de sa tête et parvient à désarmer l'armure, puis à la fracasser. Geneviève s'empare de la masse abandonnée sur le sol, et la lance vers l'armure à l'épée, lui brisant net les jambes.

–Ouf ! Cette fois, c'est terminé, Rowena ! souffle Geneviève en se tournant vers la duchesse.

Mais, à cet instant, Desmond fait irruption dans la pièce. Et il tient Lacey sous son bras !

–Oh ! non. Lacey ! gémit Geneviève.

–Geneviève ! supplie Lacey, effrayée.

–Je pense que le donjon est encore trop bien pour vous ! dit Rowena en poussant Geneviève et Derek vers la grande cheminée. Je vais donc t'offrir ce dont tu as toujours rêvé : danser ! Danser toujours, sans repos ni fin, danser à longueur de jour et de nuit ! Danser à en perdre haleine jusqu'à la fin des temps, jusqu'à la fin du monde.

Rowena brandit alors sa dernière fleur magique et souffle vers Geneviève la poussière d'or qui s'en échappe.

Mais Geneviève saisit son éventail. Elle l'ouvre et l'agite rapidement. Poussée par l'éventail, la poussière magique se dirige vers Desmond et Rowena et tombe sur leurs chaussures, qui se mettent à scintiller.

Avec horreur, Rowena découvre que ses pieds commencent à battre la mesure. Ceux de Desmond s'agitent à leur tour. Il lâche alors Lacey, qui court se réfugier dans les bras de sa sœur.

Rowena se met à tourner sur elle-même sans pouvoir s'arrêter et Desmond s'agite comme un pantin ridicule.

–Au secours ! hurle Rowena.

–J'arrive, Votre Altesse ! répond Desmond, qui enlace Rowena et l'entraîne hors de la pièce en dansant.

–Mais tu me marches sur les pieds, brute ! Lâche-moi !

–Impossible, Votre Grâce… Je suis coincé !

–Oh ! Pourquoi moi ? gémit Rowena dont la voix se perd dans le lointain.

Débarrassés de la duchesse, Geneviève, Derek et Lacey se précipitent vers le roi, qui respire à peine.

–Mais que fait le docteur ? demande Geneviève.

–Je crois que je peux l'aider, dit Lacey en décrochant la petite fiole pendue à son cou. Délicatement, elle en verse quelques gouttes sur les lèvres de son père. C'est l'eau du lac, explique la petite fille, je l'ai prise le jour où je me suis écorché le genou.

Le roi bat lentement des paupières.

– Merveilleux ! Ça marche ! s'exclame Geneviève.

Lacey verse quelques gouttes encore sur les lèvres du roi, qui les avale et retrouve rapidement des couleurs.

– Mes filles ! Quel bonheur !

– Papa, nous avons eu si peur de vous perdre.

– Comment ai-je pu accorder ma confiance à Rowena ? soupire le roi.

– C'est notre faute, dit Geneviève. Si nous avions été des princesses… plus convenables.

– Non ! Non ! Je n'aurais jamais dû attacher de l'importance à ce que les gens

disaient. Chacune de vous est spéciale et vous êtes de magnifiques princesses. Votre mère avait grande confiance en vous, et elle me disait souvent que vous feriez toutes, chacune à votre façon, de grandes choses ! Vois ! À cinq ans, Lacey vient de me sauver la vie ! Je suis si fier de vous !

Quelques semaines plus tard, une musique émouvante et solennelle fait vibrer le pavillon de danse de la reine Isabelle. Alanna est à la flûte, Finna à la harpe et Geneviève, dans sa jolie robe de mariée, remonte l'allée au bras du roi Randolphe, son père. Derek, très ému, l'attend à la porte du pavillon. Son rêve le plus fou s'est enfin réalisé : il aime sa princesse et sa princesse l'aime !

Scooch s'est approché discrètement de son nouvel ami, le chat Tawny :

–Tu sais ce qu'une mouette vient de me raconter? Elle a vu Rowena danser sur un iceberg dans la mer du Nord et ce bon vieux Desmond était en train de geler à ses côtés.

Dans le hall d'entrée du château, impossible de rater le magnifique portrait de la reine Isabelle qui a retrouvé sa place, et qui semble aujourd'hui sourire dans son cadre d'or.

# Table des matières

IN THEIR OWN WORDS

# VIETNAM WAR

**Andrew Mason**

GARETH STEVENS PUBLISHING
A Member of the WRC Media Family of Companies

KEY TO SYMBOLS

**The following symbols highlight the sources of material from the past.**

**FILM EXCERPT**
Primary source material from a movie about the subject matter.

**GOVERNMENT DOCUMENT**
Text from an official government document.

**INTERVIEW/BOOK EXTRACT**
Text from an interview or book.

**SONG EXCERPT/POEM**
Text from songs or poems about the subject matter.

**LETTER**
Text from a letter written by a participant in the events.

**NEWSPAPER ARTICLE**
Extracts from newspapers of the period.

**OFFICIAL SPEECH**
Transcribed words from official government and other speeches.

**PLAQUE/INSCRIPTION**
Text from plaques or monuments erected in memory of events in this book.

**TELEGRAM**
Text from a telegram sent to or by a participant in the events.

**Cover photos:**
**Top:** *President Lyndon B. Johnson was the major U.S. leader during the Vietnam War.*
**Bottom:** *North Vietnamese troops resting during the 1968 Tet Offensive, one of the war's bloodiest periods.*

# CONTENTS

**Above:** *This map shows the locations of the major battles of the Vietnam War.*

*The Vietnam War was the most unpopular war the United States has ever fought, and it is the only war the country has ever lost. Almost sixty thousand Americans lost their lives in the jungles of Vietnam while millions of Vietnamese from both sides perished. The cost of the war ran into hundreds of billions of dollars for the United States, and it crippled the Vietnamese economy. The Vietnam War has colored U.S. foreign policy ever since, while Vietnam has become isolated internationally. Decades later, the war still looms large in the memories of many people in the United States, Vietnam, and around the world.*

The crisis in Vietnam erupted during the 1940s, when large numbers of Vietnamese rose up against their French rulers. Chaos in Vietnam was temporarily resolved by a conference held in Geneva, Switzerland, in 1954, that divided the country into the communist North Vietnam and the democratic South Vietnam. This division was only intended to be temporary, but elections to reunify Vietnam were never held, and many people in the West feared for the future of South Vietnam.

In the United States, president after president decided that South Vietnam must not be allowed to fall under the control of communists. Beginning in 1954, a U.S. presence was established in the country. At first, U.S. forces were there only as advisers, training South Vietnamese troops to defend themselves from attack. By 1965, however, they were taking part in a bitter military conflict that would last another eight years. During this time, almost sixty thousand U.S. soldiers were killed in the jungles of Vietnam, together with more than one million Vietnamese. In 1973, swayed by

**Below:** *The country of Vietnam is located in southeast Asia.*

rising opposition to the war among the American people and the realization that this war in the jungles of Southeast Asia could not be won, U.S. leaders decided that South Vietnam would have to stand alone. Just two years after U.S. troops left the country, forces from Hanoi, the capital of North Vietnam, rumbled into the South Vietnamese cities of Saigon and Le Duan and declared the birth of a communist Republic of Vietnam. The U.S. nightmare had come true, and soon after, the countries of Laos and Cambodia, which border Vietnam, also became communist.

Peace for Vietnam, however, was short-lived. The country was at war again almost immediately, after it invaded Cambodia in 1978 and installed a pro-Vietnamese party in power. The following year, Vietnam was at war with China, which, at the time, was backed by the United States. These wars, together with the damage caused during the war with the United States, have made, Vietnam, even today, one of the poorest countries in the world. The damage to the prestige of the United States

**Above:** *The jungles of Vietnam were unusual terrain for most U.S. soldiers.*

**Left:** *Many U.S. troops did not have the equipment they needed to fight in the jungles of Vietnam.*

**Above:** *South Vietnamese troops try to defend their capital, Saigon, from attack. By 1973, their battle was becoming increasingly desperate.*

that resulted from its defeat on the battlefield was immense. U.S. administrations retaliated by freezing all trade and diplomatic relations between the two countries. The United States also aired its grievances on the international stage, blocking Vietnam's entry into the United Nations. Soldiers returning home from the war also faced serious problems. They were vilified by some members of the American public for what they believed was "doing their duty," many found it difficult to settle back into civilian life. Abused and discriminated against, many resorted to alcohol and drugs. Internationally, defeat in Vietnam may have made the United States more cautious about committing troops to conflicts. Its next major battle was not until the 1991 Gulf War.

Today, the scars of the war in Vietnam are beginning to fade. As the Cold War came to an end with the collapse of the Soviet Union, or USSR, and the Eastern Bloc, people began to think about reconciliation. United States president Bill Clinton began the process of restoring relations between the two countries in 1994. Today, hundreds of thousands of American tourists visit Vietnam each year. Many Vietnamese people who emigrated to the United States have brought up a generation of children in the United States. These Amerasian children are a living bond between the two countries. In Vietnam, also,

**Left:** *At the time that the war began, Vietnam was a poor country in which most people used traditional farming methods. Here, two girls farm a rice paddy.*

thousands of children were born as a result of relationships between U.S. soldiers and South Vietnamese women. Problems caused by the war, however, remain. Vietnam remains desperately poor, and citizens from South Vietnam who fought against the communists continue to suffer discrimination. In the United States, around one- quarter of all homeless people in the country are Vietnam veterans. Families in both the United States and Vietnam that lost loved ones during the conflict continue to grieve and will never forget their losses.

**Above:** *This garland is decorated with the colors of the Vietnamese flag. Street vendors in Hanoi, Vietnam, sell their wares to tourists from all over the world, including the United States.*

**Right:** *President Bill Clinton was in part responsible for the improving relations between Vietnam and the United States. In this photo, President Clinton is shown with Vietnam's prime minister, Phan Van Khai (far right), at a conference in Auckland, New Zealand, in 1998.*

**Above:** *In the United States, anti-communist propaganda appeared on bubble-gum cards like the one above. Ho Chi Minh was portrayed as an evil man with a twisting, snarling face.*

*For centuries, Vietnam had a tradition of rejecting foreign interference in its affairs. Conquered by the Chinese in 111 B.C., the people of Vietnam mounted several unsuccessful rebellions until, in A.D. 938, they regained their independence. Another period of Chinese rule in the fifteenth century failed to suppress the Vietnamese identity, and the country expanded its territory until Europeans arrived in the region in the nineteenth century.*

**Right:** *Dr. Ho Chi Minh, president of North Vietnam, accepts applause during a visit to Delhi, India, in 1958.*

"All men are created equal. They are endowed by their Creator with certain inalienable rights; among these are life, liberty, and the pursuit of happiness. Those are undeniable truths. . . . The French have fled, the Japanese have capitulated, Emperor Bao Dai has abdicated. Our people have broken the chains which for nearly a century have fettered us and have won independence for the Fatherland. The whole Vietnamese people, animated by a common purpose, are determined to fight to the bitter end against any attempt by the French colonialists to reconquer our country. We are convinced that the Allied nations, led by America, Britain, and the Soviet Union have acknowledged the principles of self-determination and the equality of nations . . . and will not refuse to acknowledge the independence of Vietnam. . . . The entire Vietnamese people are determined to mobilize all their physical and mental strength, to sacrifice their lives and property, in order to safeguard their independence and freedom."

**Ho Chi Minh, declaring the independence of the Republic of Vietnam, September 2, 1945.**

"Vietnam must have a communist party . . . so the peasantry will overthrow the French Imperialists, seize political power, and set up the dictatorship of peasants and workers in order to achieve a communist society."

**Ho Chi Minh, in "The Communists Must Organize Themselves into a Single Party," 1929.**

"First, you must understand that to gain independence from a great power like France is a formidable task that cannot be achieved without some outside help. . . . One must gain it through organization, propaganda, training, and discipline.

**Ho Chi Minh to U.S. intelligence officer Charles Fenn, 1945.**

## FRENCH CONQUERORS

After repeated attempts, France finally gained control of Vietnam, Cambodia, and Laos (as French Indochina) by 1887. The French built railways, roads, hospitals, and schools, mainly in South Vietnam. It was not until the 1930s that an organized Vietnamese resistance to French control began to emerge. In 1929, the communist Ho Chi Minh (born Nguyen That Thanh) set up the Indo-Chinese Communist Party (ICP) in Hong Kong. In 1940, a Franco-Japanese agreement allowed Japan to occupy Vietnam during World War II. Ho Chi Minh returned to Vietnam in 1941, set up the Vietminh nationalist organization, and called for an uprising against the country's foreign rulers. This revolt forced the Vietnamese-born but Japanese-controlled emperor, Bao Dai, to abdicate. When Japan surrendered to the Allies on September 2, 1945, Ho declared the birth of the Democratic Republic of Vietnam. Any prospect of peaceful transition was

**TIME LINE**

**11 B.C.–1930**

**111 B.C.**
Kingdom of Vietnam conquered by China.

**A.D. 939**
Vietnamese people end Chinese rule.

**1407–1428**
Another brief period of Chinese rule in Vietnam.

**1858**
France attacks Vietnam and occupies Saigon.

**FEBRUARY 1930**
Vietnamese Communist party formed by Ho Chi Minh.

**Below:** *A French sergeant inspects his troops in Vietnam in 1950.*

**Above:** *Following the 1954 Geneva Conference, Vietnam was divided at the seventeenth parallel into North Vietnam and South Vietnam. An area referred to as the demilitarized zone, or DMZ, divided the two countries.*

soon dashed. In the aftermath of the Allied victory in World War II, Great Britain and China were given the task of accepting the Japanese surrender in Vietnam. Chinese troops moved into North Vietnam and British troops, supporting the French desire to again take control of Vietnam, arrived the South. There, they joined with French forces to drive Ho's forces out of Saigon. While British and Chinese forces left Vietnam in 1946, French forces stayed. They persuaded Bao Dai to return as leader of Vietnam, and between 1946 and 1954, French troops fought a vicious battle with the Vietminh for control of the country. In 1945, U.S. president Franklin D. Roosevelt was opposed to French claims in Vietnam, but by the end of the decade, the new climate of the Cold War made the United States place its support behind French efforts to drive out the Vietminh. Increasingly concerned about the spread of communism across the world—a fear that escalated when China and much of eastern Europe became communist—and believing that Ho Chi Minh was controlled by the Soviet Union, the United States began to view the future of Vietnam as critical. When U.S. president Dwight D. Eisenhower's refusal to support France led to France's defeat at Dienbienphu in 1954, the United States realized that it might have to become more directly involved in Vietnam if it was to prevent Vietnam from becoming communist.

**Left:** *The French presence in Vietnam was bitterly resented by much of the Vietnamese population.*

"You have a row of dominoes set up; you knock over the first one, and what will happen to the last one is that it will go over very quickly. . . . Asia, after all, has already lost some four hundred fifty million of its people to the Communist dictatorship, and we simply can't afford greater losses. . . . But when we come to the possible sequence of events, the loss of Indochina, of Burma, of Thailand, of the Peninsula, and Indonesia following, now you begin to talk about areas that not only multiply the disadvantages that you would suffer through the loss of materials, sources of materials, but now you are talking about millions and millions of people. Finally, the geographical position achieved thereby does many things. It turns the so-called island defensive chain of Japan, Formosa [Taiwan], of the Philippines, and to the southward; it moves in to threaten Australia and New Zealand. It takes away, in its economic aspects, that region that Japan must have as a trading area or Japan, in turn, will have only one place in the world to go—that is, toward the Communist areas in order to live. . . . So, the possible consequences of the loss are just incalculable to the free world."

**President Dwight D. Eisenhower's "Domino Theory" speech, presidential press conference, April 7, 1954.**

## THE GENEVA CONFERENCE

While the French were being defeated in Vietnam, a conference was being held in Geneva to try to determine the future of the country. On July 21, a cease-fire was signed that temporarily divided the country into North Vietnam and South Vietnam and delcared that elections would be held within two years in order to reunify the country. Under the terms of the agreement, Ho Chi Minh formed a government in the North, while the stocky, chain-smoking Ngo Dinh Diem was made South Vietnam's prime minister in June 1954. Diem did not want elections to be held, because he believed that Ho would win easily. He turned away from the French and toward the United States for support and reassurance. The formation of the South East Asia Treaty Organization (SEATO), in which the United States and a number of other countries agreed to protect South Vietnam from aggression, marked the beginning of the increase of U.S. involvement in Vietnam.

## TOWARD CIVIL WAR

As it became obvious that elections to unify the two countries would never be held, the United States became determined to support Diem's government. By 1958, it had invested more than a billion dollars in the regime. Ngo Dinh Diem's Army of the Republic of Vietnam (ARVN) waged a brutal war on communists based in the south. In response, Ho Chi Minh's government in Hanoi decided it was time to strike back. Members of Ho's North Vietnamese Army (NVA) were sent into South Vietnam by a route through Cambodia and Laos known as the Ho Chi Minh trail. In 1960, communist supporters in the South formed the National Liberation Front (NLF), referred to by Diem as the Viet Cong, to organize resistance efforts. The People's Liberation

**Below:** *An ARVN Radio Operator, pictured in 1958.*

"I would like to be able to report . . . I saw all the signs of misery and oppression that have made my visits to East Germany like nightmare journeys to 1984. But it was not so. At first it was difficult for me, as it is for any Westerner, to conceive of a Communist government's genuinely 'serving the people.' I could hardly imagine a Communist government that was also a popular government. . . . But this is just the sort of government the palm-hut state actually was while the struggle with the French continued. The Vietminh could not possibly have carried on the resistance for one year, let alone nine years, without the people's strong, united support."

**American Joseph Alsop's report for *The New Yorker*, 1955.**

**TIME LINE**
**1941—1960**

**MAY 1941**
Ho Chi Minh helps to form the Vietminh organization.

**MARCH 1945**
Japanese-French government appoints Emperor Bao Dai head of Vietnam.

**SEPTEMBER 2, 1946**
Ho Chi Minh declares Vietnamese independence.

**MAY 7, 1954**
Vietminh defeat the French at Dienbienphu.

**JULY 21, 1954**
Geneva Conference temporarily divides Vietnam.

**OCTOBER 26, 1955**
Ngo Dinh Diem appointed president of South Vietnam.

**DECEMBER 20, 1960**
National Liberation Front (NLF) formed in South Vietnam.

**Above:** *A South Vietnamese service medal awarded to foreign soldiers who served in the country after 1960.*

**Below:** *A U.S. army chief instructs South Vietnamese soldiers in boarding procedures for an airlift on a U.S. Army helicopter.*

"Five or six Viet Cong guys stopped my bus one morning to check the identity cards of the passengers. They dragged two men off the bus, and their chief said to them: 'We've been waiting for you. We've warned you many times to leave your jobs but you haven't obeyed. So now we must carry out the sentence.'

"They forced the two men to kneel by the roadside, and one of the Viet Cong guys chopped off their heads with a machete. They then pinned verdicts to their shirts saying that the murdered men were policemen. The verdicts had been written out beforehand. It was horrible to watch."

**A bus driver from Long Khanh province, northeast of Saigon, 1959.**

Armed Forces (PLAF) was formed to run the military side of the NLF. Viet Cong members attempted to convert South Vietnamese citizens to their cause using a mixture of assistance and intimidation. They made brutal attacks on citizens who were suspected of collaborating with the government and the United States.

### UNITED STATES ASSISTANCE

In 1961, as John F. Kennedy took office as president of the United States, U.S. aid to South Vietnam reached an unprecedented level. President Kennedy's commitment to Vietnam as a vital Cold War-battleground became clear when he told a reporter from *The New York Times*, "Now we have a problem in making our power credible, and Vietnam is the place." U.S. Special Forces called Green Berets were sent to Vietnam to train Diem's South Vietnamese ARVN in guerrilla warfare, a type of fighting suited to the jungles of Vietnam. Civilian Irregular Defence Groups (CIDGs) were established to provide surveillance in the mountains, while twenty-six hundred settlements known as "strategic hamlets" were placed under the watch of armed guards. At the same time, the number of U.S. advisors in Vietnam soared from fewer than one thousand in 1961 to

"I joined the anticolonial underground when I was in my teens. I needed an occupation so I could live unnoticed in the South. I decided to open a noodle-soup shop. It would be a great place to shelter revolutionaries on the run. . . .

"Most of my customers were U.S. diplomats, military brass, and soldiers. I'd be smiling and serving soup to the Americans downstairs while the high command upstairs was planning their victory over the United States."

**Toai, a Viet Cong spy, speaking in 1991.**

> "We are launched on a course from which there is no respectable turning back: the overthrow of the Diem government. There is no turning back because US prestige is already publicly committed to this end in large measure, and will become more so as the facts leak out. In a more fundamental sense, there is no turning back because there is no possibility, in my view, that the war can be won under a Diem administration."
>
> **Henry Cabot Lodge, August 29, 1963.**

more than twelve thousand by the following year.

## THE END OF DIEM

United States plans to protect South Vietnam were complicated by the fact that Diem was becoming increasingly unpopular with his own people. Diem, a Catholic, found his relations with South Vietnam's Buddhist majority increasingly strained. When he enforced a rule banning the display of religious flags during a Buddhist festival, Buddhists in the city of Hue took to the streets. Diem's troops responded by opening fire on the demonstrators. In response, a monk named Thich Quang Duc set himself on fire, grabbing headlines across the world. When news reached the United States that a military coup against Diem was planned for November 1, President Kennedy—realizing that Diem could not bring stability to Vietnam—decided not to intervene to protect him. On November 2, 1963, Diem and his brother Ngo Dinh Nhu were murdered by ARVN soldiers. Ironically, Kennedy was also assassinated less than three weeks later. With Kennedy's death, the question of how to handle Vietnam passed to Vice President Lyndon B. Johnson.

### TIME LINE 1962–1963

**FEBRUARY 1962**
Military Assistance Command Vietnam (MACV) is established by the United States to support South Vietnam.

**MAY–AUGUST 1963**
Diem faces angry protests by Buddhists after his police raid a pagoda they claimed was sheltering communists.

**NOVEMBER 3, 1963**
Diem is assassinated.

**NOVEMBER 22, 1963**
Kennedy is assassinated.

**Below:** *South Vietnamese soldiers wade into a canal to lure Viet Cong guerrillas from flooded paddies.*

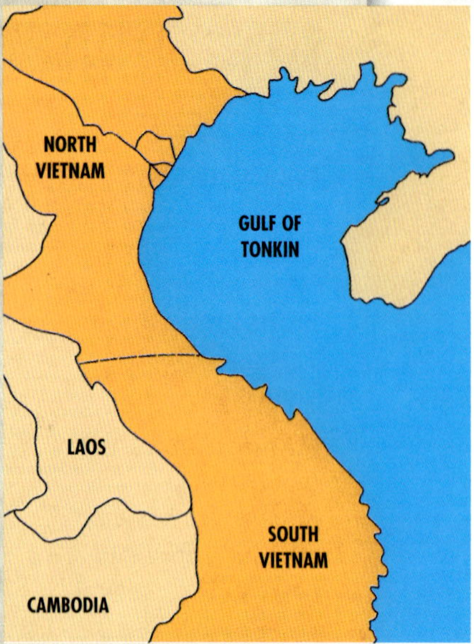


**Above:** *A map showing the Gulf of Tonkin, the location of the incident that sparked the escalation of the Vietnam conflict.*

*With the assassinations of Diem and President Kennedy, civil unrest in South Vietnam, and the growing determination in the North to exploit these weaknesses, the prospect of a large-scale conflict in Vietnam had never been greater. The possibility of stationing U.S. forces in South Vietnam had become a reality.*

## THE GULF OF TONKIN INCIDENT

After the death of Diem, power in South Vietnam passed between several figures who seemed unable to restore order. The situation became even more critical because, beginning in December 1963, large numbers of troops were being sent South by Ho Chi Minh. To many Americans, it seemed that the South Vietnamese were unable or unwilling to fight this threat. It became increasingly clear to the new president, Lyndon B. Johnson, that the United States might have to commit more directly to the fight in Vietnam. He would need, however, to find the justification for escalating the conflict. Such an opportunity presented itself in the summer of 1964. On August 2, North Vietnamese gunboats attacked a U.S. ship, the *Maddox*, employed on a spying mission off the coast of North Vietnam. This attack was recorded by photographers. Two days later, the *Maddox* and another U.S. boat, the *Turner Joy*, reported that they had been attacked during the night. There was no physical evidence of this attack, however, and many people—including the North Vietnamese authorities and several U.S. senators—claim that it never

**Below:** *President Lyndon B. Johnson pins medals on U.S. troops in recognition of deeds they performed in battle in Vietnam.*

"As far as we can see, there are only three North Vietnamese boats, but we're having trouble with illumination. . . ."

**Telephone call from U.S. admiral Grant Sharp, commander of the Pacific Fleet, to Air Force general David Burchinal of the Joint Chiefs of Staff, August 1964**

"To this day I don't know what happened . . . in the Tonkin Gulf. . . . I think we may have made two serious misjudgments."

**Former secretary of defense Robert McNamara speaking to General Giap in Hanoi, November 1995.**

**Above:** *President Johnson authorized a massive bombing campaign in North Vietnam.*

took place. After receiving the reports from the two U.S. boats, however, President Johnson asked Congress to support retaliatory strikes. On the basis of the information that was presented to them, Congress overwhelmingly passed a plan of action called the Gulf of Tonkin Resolution, which gave Johnson the power to go to war in Vietnam. When Viet Cong forces attacked and damaged a U.S. air base near Saigon, U.S. warplanes began bombing North Vietnam. Polls suggested that this action was backed by most of the American public.

### GETTING IN DEEP

In February 1965, Viet Cong forces attacked a U.S. camp near Pleiku, killing eight soldiers and wounding more than one hundred others. A massive wave of air attacks on North Vietnam, known as Operation Rolling Thunder, was unleashed in retaliation. In the following spring, Johnson sent huge numbers of ground troops to Vietnam. On March 8, 1965, U.S. marines landed at Danang beach in central Vietnam, quickly followed by thousands more marines and support forces. Although it was never formally declared, the United States was now at war with North Vietnam. President Johnson convinced U.S. allies including Australia, South Korea, and New Zealand to commit troops to the operation, but the United States supplied the overwhelming amount

"North Vietnamese naval units . . . in violation of international law, have deliberately and repeatedly attacked United States naval vessels . . . . The United States regards as vital to its national interest and to world peace the maintenance of international peace and security in South East Asia. Consonant with the Constitution of the United States and the Charter of the United Nations and in accordance with its obligations under the South East Asia Collective Defense Treaty, the United States is therefore prepared, as the president determines, to take all necessary steps, including the use of armed force, to assist any member or protocol state of the South East Asia Collective Defense Treaty requesting assistance in defense of its freedom."

**The Gulf of Tonkin Resolution, August 1964.**

## TIME LINE
## 1963–1965

**DECEMBER 1963**
NVA units head south into South Vietnam.

**JUNE 20, 1964**
General William Westmoreland becomes head of MACV.

**AUGUST 2, 1964**
North Vietnamese attack on U.S. ship *Maddox*. A report of a further attack on the *Maddox* and on another ship, the *Turner Joy*, leads to proposal and passing of Gulf of Tonkin resolution.

**FEBRUARY 7, 1965**
NLF attacks U.S. military base in Pleiku.

**FEBRUARY 13, 1965**
President Johnson orders Operation Rolling Thunder.

**MARCH 8, 1965**
First U.S. ground combat troops land in Vietnam.

**Above:** *The logo of the United States Marine Corps.*

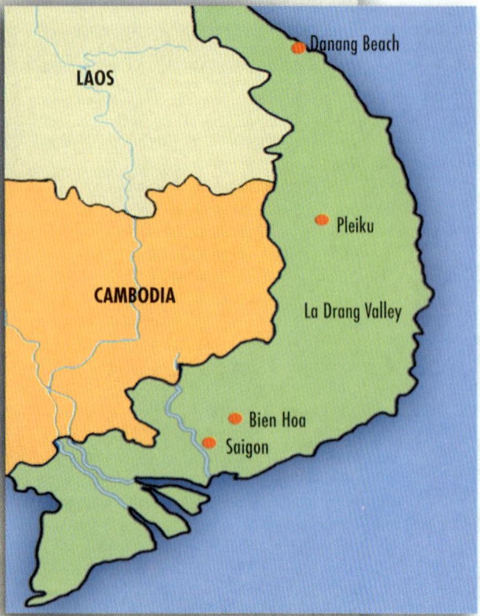


**Above:** *A map showing the locations of Danang Beach; Pleiku; and La Drang, the site of the first major conflict.*

**Right:** *Troops in Vietnam often fought boredom as well as the enemy.*

of manpower. By the end of the year, nearly 200,000 U.S. troops were in the country.

Hopes that Rolling Thunder would halt the flow of Northern forces into the South were ill-founded as large numbers of North Vietnamese troops continued to slip into South Vietnam. The influence of the Viet Cong was also growing. By the time the flamboyant but corrupt General Nguyen Van Thieu became head of state in South Vietnam in June 1965, it was estimated that they controlled up to 75 percent of the countryside of South Vietnam.

## A SOLDIER'S LIFE

Boot camp was often a difficult experience for soldiers because instructors used relentless physical and psychological stress to mold their recruits into compliant soldiers. In contrast, life in Vietnam for many soldiers was a mixture of extreme boredom punctuated by moments of terror and exhilaration. Life on the ground in Vietnam could be quite comfortable. Housing varied from flimsy plywood buildings to wooden cabins, and there was plenty of time for relaxation and entertainment. Rock and roll music was the soundtrack to soldiers' experiences in Vietnam, and alcohol and drugs were also readily available. Racism, which was a big part of life in the United States in

"Sunday, March 9, 1969

I'm sitting on the steps of our hooch looking out over the rice paddies and fields to the South. The Vietnamese are in the fields and paddies, working as they do every day. . . . I don't know how to describe Vietnam or what it's like for me being here. It's totally alien is all I can say. There is no time for me to be myself. And I hope the extent of the changes that it will make on me will be minimal, and when I come home I'll be able to forget that I was ever here and return to my old self. . . . My thoughts are mostly on Joanie and the time when I'll be home again. I think of our plans and what we will be doing once I get back to the States and can start living my life again. The first thing is for me to get back into school—that will be great. Next we will need some kind of a car and an apartment. Everything else will take care of itself.

Michael McAninch"

**A letter home from U.S. marine Michael McAninch.**

the 1960s, usually evaporated in the muddy realities of the Vietnam jungle, where everyone had to live together and fight for each other. When soldiers engaged in combat, it was like nothing even seasoned soldiers had experienced. Apart from the difficulty of fighting in a landscape of vines and swamps that was alien to U.S. forces, the ground was often booby trapped. One soldier described how the effect of the traps was "sometimes like paralysis . . . you walk like a wooden man . . . with your eyes pinned to the dirt, spine arched, and you are shivering, shoulders hunched."

**Above:** *Stores set up to serve U.S. soldiers were run by locals. Some of these locals were friendly to the Americans, but others resented their presence.*

### LA DRANG

The first real battle between North Vietnamese and U.S. forces took place around the La Drang valley. When NVA forces attacked a camp in the South, the U.S. First Cavalry division and the ARVN drove them back to the valley. General Westmoreland ordered his troops to track down and kill the NVA soldiers. By the end of the confrontation, 305 U.S. troops and 3,561 NVA troops had been killed. Although La Drang seemed to be a victory for the United States, it made the North Vietnamese move away from direct confrontations in favor of guerrilla warfare. The North Vietnamese leader General Vo Nguyen Giap's new tactic was to lure U.S. forces into the highlands where fighting was more difficult

"I have asked the commanding general, General Westmoreland, what more he needs to meet this mounting aggression. He has told me. And we will meet his needs. We cannot be defeated by force of arms. We will stand in Vietnam. . . . I have today ordered to Vietnam the Air Mobile Division and certain other forces which will raise our fighting strength from seventy-five thousand to one hundred twenty-five thousand men almost immediately. Additional forces will be needed later, and they will be sent as requested.

"This will make it necessary to increase our active fighting forces by raising the monthly draft call from seventeen thousand over a period of time to thirty-five thousand per month and for us to step up our campaign for voluntary enlistments."

**Address by President Johnson on television, July 28, 1965.**

## TIME LINE
## 1965

**APRIL 6, 1965**
President Johnson orders U.S. troops to carry out offensive operations to support South Vietnamese forces.

**APRIL 7, 1965**
President Johnson offers talks with North Vietnam.

**APRIL 15, 1965**
First demonstration against the war attracts sixteen thousand people in a march to the White House.

**JUNE 19, 1965**
Nguyen Cao Ky, the eighth South Vietnamese premier since Diem, is sworn in.

**JULY 21-28, 1965**
President Johnson raises the number of soldiers drafted to thirty-five thousand a month.

**Below:** *United States soldiers were given pocket guides to Vietnam to help them get to know the country.*

"June 7, 1968

Dear Mom and Dad

I am sorry for not writing. This is my fourteenth or fifteenth day in the field. I am on an operation south of Da Nang. The name of the operation is Allen Brook. Is there anything about it on the news? Its been going on since the twelfth of last month. So far, we've captured a lot of new weapons and tons of rice. June 5th things got a little rough on my company. We took twenty-eight wounded and six dead. So our company is hurting for some new men. On my birthday, things didn't go to good. One of my best friends, who I met in Hawaii, was shot twice in the stomach, and he died the following afternoon. His name was Art Sinksen . . . . I am so sick of fighting. I've seen and helped too many boys my age or younger that was wounded or dead. I thank the Lord each morning I get up. Well, I should be going on R&R [rest and recreation] any time. That's about it over here. So say hi to everyone, and take care of yourselves. Bye For Now.

All My Love
Your Son, Stephen

P.S. Write Soon"

**A letter home from U.S. marine Stephen E. Austin**

and more costly. The battle also showed that the North Vietnamese were willing to sustain casualty rates that the American public would never have been willing to tolerate.

## SEARCH-AND-DESTROY

Towards the end of 1966, General Westmoreland ordered the first of three large search-and-destroy missions. Operation Attleboro destroyed a key base camp northwest of Saigon, killing 3,130 communists and wounding 900, with 200 missing. In January 1967, Operation Cedar Falls was launched. Its aim was to seize control of an area northwest of Saigon known as the Iron Triangle. Troops were dropped in to evacuate the village of Ben Suc, and then an aerial bombardment took place, followed by a wave of ground troops. Underground tunnels were targeted and jungle was destroyed to remove cover. Despite these successes, enemy forces returned to the area soon after the soldiers left. This pattern was repeated after the final

**Right:** *Both men and women fought for the NLF against United States and ARVN troops.*

"We slept in hammocks in small, thatched bamboo huts, and we held our meetings in deep underground tunnels, which also served as shelter against air raids. Informers in Saigon passed us intelligence, so we were able to decamp whenever the Americans and their South Vietnamese puppets planned operations in the area. Anyway, we could hear them coming, because big modern armies cannot move quietly. Still, we had some close shaves. Once, soon after I arrived, American airplanes dropped thousands of tons of bombs around us, but we weren't even scratched."

**General Tran Do, North Vietnam army, from interview in Hanoi in 1981.**

"You ask me what I thought of the Americans. We thought the Americans were handsome soldiers, but looked as if they were made with flour. . . . it was difficult for them to suffer all the hardships of the Vietnamese battle front. When we had no water to drink, they had water for showers! We could suffer the hardships much better than they could. That was probably the main reason we won."

**A NVA soldier's opinion of U.S. soldiers, 1982.**

**Above:** *Chip Parker with one of the ARA aircraft flown in the La Drang operation in November 1965.*

mission, Operation Junction City, when the enemy, who were used to local conditions, simply hid until the U.S. forces had left.

### THE STRUGGLE MOVEMENT

In South Vietnam, public anger at the regime headed by Ky and Thieu was growing. The Struggle Movement, led by Buddhist monks and students, was furious at Ky's refusal to negotiate with Hanoi, his reluctance to include civilians in his government, and the army's ties to the United States. When government troops opened fire on protesters in Hue and Danang, calls for Ky to resign intensified. The fact that the United States supported Ky's actions did little to raise its own popularity. When the ARVN attacked Buddhist pagodas in May 1966, opposition broke out across the South and did not end until June. The way in which the Thieu government dealt with protesters turned many South Vietnamese against them, the United States, and the war itself.

Western Union Telegram

----------------------------------------------------MR. AND MRS. ALBERT H. AUSTIN

4057 MAIN STREET, DENAIR CA

I DEEPLY REGRET TO CONFIRM THAT YOUR SON CORPORAL STEPHEN E. AUSTIN, USMC, DIED ON 8 JUNE 1968 IN THE VICINITY OF QUANG NAM, REPUBLIC OF VIETNAM. HE SUSTAINED GUNSHOT WOUNDS TO THE HEAD AND BODY FROM HOSTILE RIFLE FIRE WHILE ON AN OPERATION. THE FOLLOWING INFORMATION IS PROVIDED TO ASSIST YOU IN MAKING FUNERAL ARRANGEMENTS. HIS REMAINS WILL BE PREPARED, ENCASED, AND SHIPPED AT NO EXPENSE TO YOU, ACCOMPANIED BY AN ESCORT, EITHER TO A FUNERAL HOME OR TO A NATIONAL CEMETERY SELECTED BY YOU.

**Telegram to the parents of U.S. marine Stephen E. Austin.**

## TIME LINE
## 1965–1967

**OCTOBER–NOVEMBER 1965**
Battle of La Drang Valley takes place, the first major land battle of the conflict.

**FEBRUARY 4, 1966**
Televised hearings on the Vietnam War, headed by Senator J. William Fulbright, take place in the United States,

**MARCH–APRIL 1966**
A wave of protests against the South Vietnamese government,led by Buddhists and students, takes place.

**JANUARY 8–26, 1967**
Operation Cedar Falls takes place northeast of Saigon.

**FEBRUARY 22–APRIL 1, 1967**
Operation Junction City takes place.

**SEPTEMBER 3, 1967**
Nguyen Van Thieu becomes the new president of South Vietnam.

**Above:** *One of millions of pins issued to try to raise support in the United States for the war in Vietnam.*

**Above:** *A scene from a "Teach-In" debate on President Johnson's policy in Vietnam that was broadcast to college campuses across the country in 1965.*

*As more and more U.S. troops poured into Vietnam and as the number of casualties mounted, public sentiment against the war began to change. This change—coupled with the fact that no end to the conflict was in sight and little progress had been made by the United States on the battlefield—made many people think what had previously been unthinkable: For the first time, the United States might not win a war.*

"I didn't make it all the way through the second tour because I was wounded for the second and third time. When I arrived home in California, I was treated like someone with the plague. I was spit on, yelled at, threatened, and looked upon as a mass murderer. Getting back to Medford was great because my family, friends, and neighbors were glad to see me in good health.

"If possible, and with the same political mindset that existed in the 60s, I wouldn't do it again. If this country were ever to be invaded or if our national interests were truly threatened, then yes, I would.

**Gerald Cooper, a U.S. marine, interviewed in 1986.**

## ANTIWAR SENTIMENT

As President Johnson continued to pour troops into Vietnam, protesters against the war became more and more vocal. Soldiers returning home from the battlefield were astonished to find themselves being jostled by protesters, some of whom even spat at them. At a time of great upheaval in American society with issues such as civil rights and women's rights drawing a great deal of attention—protesting against U.S. involvement in Vietnam became for many people part of a wider questioning of American culture and government. When Johnson authorized Operation Rolling Thunder in the wake of the Gulf of Tonkin incident, a series of teach-ins was held across the country in protest. Many college professors, angry at Johnson's escalation of the war, held special lectures and classes to inform their students about what was happening in Vietnam. In 1967, a number of anti-war campaigns took place, including Negotiation Now!, a program of advertisements in national newspapers against the war; and Vietnam Summer, a antiwar effort that literally took the struggle to people's doorsteps. On October 21, a protest called the March on the Pentagon drew almost one hundred thousand people. Many protesters were involved in angry exchanges with police, and a watching Defense Secretary Robert McNamara was quoted as saying, "Christ, yes, I was scared." At the 1968 Democratic National Convention a riot broke out between protesters and police.

**Below:** *Protesters burning draft cards during an anti-Vietnam War demonstration in January 1967.*

## THE DRAFT

The draft is a method by which the United States government can conscript fit civilians into the armed forces when there are shortages. In the Vietnam era, college students were exempted from the draft until 1969 There were also other ways of escaping service. These ranged from fleeing the country to failing the draft physical. Some people openly defied the draft. In protests across the country in October 1967, draft cards were burned, and resistors from New York sent defaced draft cards to the Attorney General in Washington.

"Thursday November 23rd
Dear Teri,

I'm sorry for not writing for such a long time. Now I am living in Toronto, Canada. I am married to a guy named Tom Connay. Boy, I know this is going to be all things you don't want to hear. We are living in Canada because Tom is a draft resistor. I respect his position immensely. We are planning to become Canadian citizens and renounce our American citizenship. . . .

Yours, Cynthia"

**Cynthia Payne, wife of a draft resister, writing in 1968.**

On December 1, 1969, the possibility of being drafted literally became a lottery. The process of conscription changed from drafting the oldest man first to selecting civilians according to their date of birth. In front of television cameras, 366 plastic capsules (representing the 365 days of the year, plus a leap day) were put into a container and picked out by hand, to determine the order of call for all men between the ages of eighteen and twenty-six for the year of 1970. The lottery continued until all the days had been given order numbers. The draft lottery continued until 1973, when conscription ended.

## LOSING HEARTS AND MINDS

Because of the difficulty of measuring territorial gains in Vietnam, a system called "body count" was adopted by the U.S. military to measure progress. This concern with the number of dead blurred the line between civilians

"I stood up to a screaming patriot and burned my draft card. I protested and marched, screamed and cried, told my generation to stop, don't go, this was wrong. I ended up a CO [conscientious objector] doing two years of bedpans, not smoking dope in Canada. I think that I, and those like me, are the true patriots, the true dissenters, who tried to stop fifty thousand of our generation from coming home in bags.

"Honor the resister, honor the protesters, the real patriots, those with the guts to stand up to a country gone mad with blood lust and a government hooked on body counts, and for what? Where is our memorial, where is our GI Bill for being right? 'Nam affected me, too, and changed my life, without being there. Think about it. Who was right? None of you HAD to go, you could have fought to stay home."

**Excerpts from a Web site interview with Dr. Barry Spatz, 1992.**

**TIME LINE**
**1967**

**SEPTEMBER 29, 1967**
President Johnson again offers talks with North Vietnam, promising to stop the bombing in return for talks. His proposition is called the "San Antonio Formula."

**OCTOBER 16–21, 1967**
Massive antidraft demonstrations take place in the United States. Folk singer Joan Baez is arrested in California.

**OCTOBER 21–23, 1967**
The March on the Pentagon attracts one hundred thousand demonstrators in Washington, D.C.

**Above:** *This 1970s poster attracted thousands of antiwar protesters to a rally in New York.*

**Above:** *The My Lai atrocity, in which U.S. soldiers massacred hundreds of unarmed villagers, turned many people against the United States' actions in Vietnam.*

and soldiers on the battlefield. Some platoons adopted the slogan, "If it's dead and Vietnamese, it's VC." This casual attitude to life was one of many factors that made some Americans deeply concerned about the morality of the conflict. When an American platoon led by Lieutenant William Calley slaughtered 347 unarmed civilians at My Lai on March 16, 1968, people around the world felt revulsion. Soldiers' own accounts tell how women, children, the elderly, and even babies were killed by marauding soldiers. Calley was convicted of murder on March 29, 1971, but the massacre left an indelible mark on the consciousness of the American public. Some soldiers claimed that to understand how such a thing could happen, a person needed to experience the abuse suffered at boot camp. In the words of John Ketwig, men in boot camp were "pushed, pulled, beaten, screamed at, humiliated, and emasculated for eight weeks." Some claimed that this boot camp could brutalize a man to the point that he became capable of committing atrocities such as the My Lai massacre.

## THE TET OFFENSIVE

At the beginning of 1968, troops from North Vietnam launched massive attacks on the South during Tet, Vietnam's most important holiday. The intention was to stop U.S. bombing, force the collapse of the South Vietnamese government and maybe even force U.S. withdrawal from Vietnam. The "Tet" strategy was to lure U.S. troops into the countryside as a diversion, and then launch major attacks on the cities, in the hope of causing their

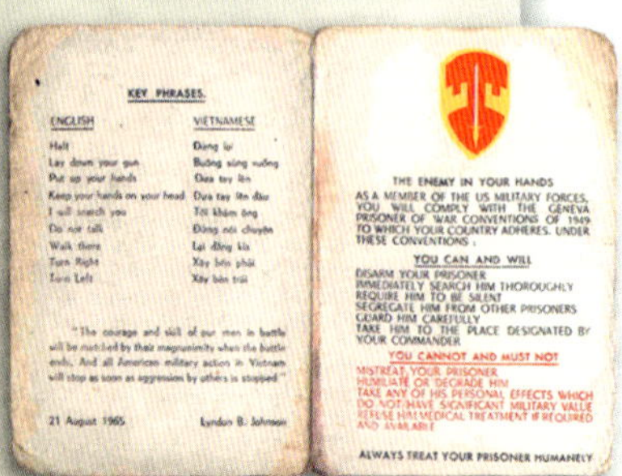


**Above:** *U.S. troops were issued guidebooks that told them exactly how they should behave during war. For some soldiers, many of the rules in these books seemed to be lost in the battlefields of Vietnam.*

"Hi everybody,
In one of your last letters, you wanted to know more about the country. Well, scenery wise, the country is beautiful, except for the barbwire and bunkers spread out all over the countryside. The people themselves . . . make me sick. You learn not to trust them. I've been shot at by too many innocent looking people to have any mercy. They learn to fire a rifle even before they walk . . . ."

***Paul O'Connoll, a U.S. marine, December 2, 1968***

"I had heard of the dedication and focus of the enemy at all levels but to actually see it and finally to be shocked by an event on the battlefield was more than a "mind blower". It was THE moment in time that solidified my opposition to the position that the Old Men in the government had put us in. We had no prayer of doing anything positive in that country because the enemy was everyone—everyone either hated us or just wanted to be left alone to grow their rice. We should just fold up our money and go home."

***Marshall Darling, First Air Cavalry, Khe Sanh Valley, 1968.***

"This is to notify you that an offensive and uprising will take place in the very near future, and we will mount stronger attacks on towns and cities . . . . The enemy will be thrown into utmost confusion. No matter how violently the enemy may react, he cannot avoid collapse. This is not only a golden opportunity to liberate hamlets and villages but also an opportunity to liberate district seas, province capitals and South Vietnam as a whole. . . . Our victory is close at hand. The conditions are ripe. Our Party has carefully judged the situation. We must act and act fast. This is an opportunity to fulfil the aspirations of the entire people, of cadre, of each comrade, and of our families. . . ."

***Directive to Communist forces for Tet Offensive, November, 1, 1967.***

populations to rebel and join the communist cause. NVA forces attacked the U.S. Marine Corps base at Khe Sanh in northwest South Vietnam on January 21. Johnson responded just as Ho Chi Minh had hoped he would, sending thousands of troops to defend the base, backed up by B-52 bombers. While this was happening, Northern forces attacked cities across the South. U.S. and ARVN forces fought back and eventually managed to subdue the communists. Although the U.S. forces appeared to come out on top, the number of U.S. soldiers who perished in the offensive made the American public realize how bloody the war was. The North Vietnamese leader General Giap summed up the situation by saying that, until Tet, the American people thought U.S. forces could win the war, but "now they knew that they could not."

## SCALING DOWN

The bloodshed at Tet brought about a shift in American policy. President Johnson made a speech saying that bombing in North Vietnam would be restricted, and that the United States would negotiate with Hanoi. Talks between representatives of both sides were initiated and continued for the next five years. Despite this, in early 1968, U.S.

## TIME LINE 1967–1968

**DECEMBER 1967**
General Westmoreland declares, "The enemy has been defeated at every turn."

**JANUARY 20–APRIL 14, 1968**
North Vietnamese troops attack U.S. Khe Sanh base.

**JANUARY 30, 1968**
Tet Offensive begins. North Vietnamese and NLF forces attack South Vietnamese cities.

**MARCH 16, 1968**
A U.S. platoon kills hundreds of civilians at My Lai.

**MAY 12, 1968**
Peace talks between the U.S. and North Vietnam begin in Paris.

**Right:** *The red arrows show the decoy attacks that preceded the Tet Offensive and the jagged circles indicate the main battles of the actual offensive.*

**Right:** *NVA troops resting during the Tet Offensive.*

**Above:** *U.S. marines exchange fire with enemy forces during the Tet Offensive in 1968.*

operations in South Vietnam accelerated as Johnson became increasingly fearful that the South Vietnamese government would collapse. Efforts to encourage South Vietnamese forces to take on a greater share of the fighting met with limited success, because they were increasingly unmotivated and reluctant to fight in a war that many were not sure why they were fighting.

## NIXON AND NEGOTIATION

Although he had previously been a firm supporter of the Vietnam War and a politician renowned for his anticommunist views, Richard Nixon's election as president in 1968 ushered in the beginning of the end of the conflict. The bloodshed during Tet and the reaction to it in the United States convinced Nixon to run for election on a platform of "peace with honor." The plan was to engineer an honorable exit that would leave the South Vietnamese to stand firm against the communists, a shifting of responsibility Nixon called "Vietnamization." Between 1969 and 1971, while announcing troop withdrawals to the American public, Nixon used his "madman" theory—an effort to make Ho Chi Minh think that he might do anything to win the war—to try to force Hanoi to negotiate. He hoped that this plan might allow him to achieve the best peace terms possible. The first stage of Nixon's strategy was the bombing of the Ho Chi Minh Trail and secret attacks on Vietnamese bases in Cambodia. Then, when a pro-U.S. faction led by Lon Nol seized power in Cambodia, Nixon decided to send up to thirty thousand U.S. and ARVN troops across the border to

**Below:** *A map showing the U.S. invasion route into Cambodia.*

"April 1, 1969

Dear Professor Coffman,

How odd of me it is not to have written to you before this. . . . As the months have gone by (seven now) I've been trying to compare what I read in the American and foreign press to what I've actually observed. My position is . . . this is a war begun strictly by political elements in the American Congress. The authorization they receive to act under the Gulf of Tonkin resolution was artificially expanded to pronounce a mandate of military measures. In short, there was much pressure on Congress into letting them flex a little muscle. The Vietnamese are an illiterate people, who have little sense of Nationhood. They do not care to die for a cause which appears imposed by Westerners. . . . Therefore, the desertion rate is still horrendously high. Most of my good friends here feel that their sacrifice is not appreciated. As for the Saigon government, I personally feel that it will not last there after we have gone. . . . Vietnam has not been worth the price. War has never been productive, and our investment here will reap very little return.

Heroically yours, Benjamin"

**Letter to University of Wisconsin-Madison history professor Edward Coffman from a former student.**

aid Nol's fight against North Vietnamese insurgents while also mounting an attack on the COSVN, a supposed Vietnamese communist office in Cambodia. The invasion of Cambodia led to protests on several university campuses in the United States, two of which ended in tragedy. On May 4, 1970, the National Guard shot dead four antiwar protesters at Kent State University, in Ohio. Then, on May 14, two students at Jackson State University, in Mississippi, were killed by police. Nixon's response to the outrage that followed was to announce that all U.S. troops would be pulled out of Cambodia by June. But this did not stop Nixon from extending the war again in February of 1971. Against the advice of General Westmoreland, Nixon sent ARVN troops supported by U.S. air power into Laos to attack North Vietnamese insurgents. The invasion was a disaster. The ARVN forces were decimated, raising doubts as to whether the South Vietnamese could win a war against the North without the United States.

**THE PENTAGON PAPERS**

In 1971, Nixon suffered a further blow when government documents known as the Pentagon Papers were leaked to *The New York Times* and *The Washington Post*. Commissioned by Robert McNamara in early 1967, these documents detail decision-making during the Vietnam War. They showed that U.S. leaders had broken international agreements, manipulated the South Vietnamese government, and lied to Congress and the American public about how badly the war was going. Nixon's chance of being reelected in the 1972 presidential elections seemed slim.

"How long would it take to succeed in Vietnam? They didn't know. How many more troops would it take? They couldn't say. Were two hundred thousand the answer? They weren't sure. Might they need more? Yes, they might need more. Could the enemy build up in exchange? Probably. So what was the plan to win the war? Well, the only plan was that attrition would wear out the Communists, and they would have had enough. Was there any indication that we've reached that point? No, there wasn't."

**Defense secretary Clark M. Clifford speaking to Stanley Karnow about war plans just before the Tet Offensive.**

**TIME LINE**
**1969–1970**

**MARCH 18, 1969**
President Nixon begins policy of "Vietnamization."

**SEPTEMBER 2, 1969**
Ho Chi Minh dies.

**MARCH 27, 1970**
ARVN forces attack Communist bases in Cambodia.

**MAY 4, 1970**
Four protesters are killed at Kent State University by Ohio National Guard troops.

**Left:** *Student Mary Ann Vecchio kneels over the body of fellow student Jeffrey Miller, who was shot by National Guard troops during an antiwar protest at Kent State University, in Ohio.*

"The United States and all other countries respect the independence, sovereignty, unity, and territorial integrity of Vietnam as recognized by the 1954 Geneva Agreements on Vietnam." (Article 1)

"A cease-fire shall be observed throughout South Vietnam as of 2400 hours, GMT, on January 27th, 1973." (Article 2)

"The United States will not continue its military involvement or intervene in the internal affairs of South Vietnam." (Article 4)

"The South Vietnamese people shall decide themselves the political future of South Vietnam through genuinely free and democratic general elections under international supervision." (Article 9)

**Extracts from the Paris Peace Agreement, January 27, 1973.**

*By the middle of 1972 the United States government was coming to the realization that the war in Vietnam could not be won. Equally, the North Vietnamese were eager to break the stalemate that had existed in the country since the Tet Offensive. With both sides seemingly ready to compromise, the stage was set for negotiation. By the beginning of 1973, a deal had been made under which all United States troops would leave Vietnam by the end of the year.*

## THE ROAD TO PARIS

Four years after the Tet Offensive, General Giap ordered another massive invasion of South Vietnam in an attempt to end the war. The Easter Offensive saw more than one hundred thousand troops pour southward, hoping to overwhelm an enemy still shaken by the events in Laos. Despite initial successes, however, North Vietnam's hopes for a quick victory were dashed by a massive U.S. retaliatory bombing campaign called Operation Linebacker. With a stalemate continuing, both sides were beginning to realize that a diplomatic solution might be the only way to resolve the situation. Following secret talks between top officials from both sides, Le Duc Tho's "framework for peace"—a cease-fire followed by U.S. withdrawal—was approved by Nixon's national security advisor, Henry Kissinger, and plans were made to make the agreement official after Nixon's reelection.

**Below:** *Even after the cease-fire, fighting continued in South Vietnam.*

**Above:** *American prisoners of war reporting to U.S. representatives at Gia Lam Airport in Hanoi.*

But when South Vietnam objected to the terms of the plan, Kissinger put forward amendments which resulted in talks being temporarily abandoned. Nixon sent aircraft and armored vehicles to the South to put pressure on Thieu to renegotiate, followed up by bombing of Hanoi and Haiphon on December 18. The two sides eventually resumed negotiations, and on January 27, 1973, the Paris Agreement was signed. While it signaled an end to the U.S. presence in Vietnam, the agreement failed to provide any clarity as to the precarious future of South Vietnam.

## U.S. WITHDRAWAL

The number of U.S. troops in South Vietnam began to dwindle even before the Paris Agreement was signed, but the speed of their departure accelerated during 1973. South Vietnam released twenty-seven thousand prisoners of war, while North Vietnam released 591

"February 12 was a beautiful day in North Vietnam, at least to 112 American POWs. We had received our going away clothes the night before and cleaned up our rooms as wellas we could. We assembled in the courtyard and made our way under guard to the gate of the Hanoi Hilton. This was the first time we had moved anywhere from there without being blindfolded and handcuffed."

**Excerpt from *Seven Years in Hanoi*, by Larry Chesley.**
**Larry Chesley was a POW for almost eight years.**

## TIME LINE
## 1971–1973

**FEBRUARY 8, 1971**
South Vietnamese troops begin an unsuccessful campaign to cut off the Ho Chi Minh Trail in Laos.

**JUNE 13, 1971**
The Pentagon Papers are published by *The New York Times*.

**DECEMBER 26, 1971**
President Nixon orders troops to start bombing North Vietnam again.

**MARCH 30–APRIL 8, 1972**
The Easter Offensive begins.

**OCTOBER 8–11, 1972**
Kissinger and Le Duc Tho agree on a deal to end the war, but it is rejected by South Vietnam.

**DECEMBER 18–31, 1972**
The U.S. Christmas bombing begins.

**Above:** *President Nixon was reelected 1972, but he resigned in disgrace 1974 as a result of the Watergate scandal.*

"Today, with boundless joy, throughout the country our forty-five million people are jubilantly celebrating the great victory we have won in the general offensive and uprising this spring of 1975, in completely defeating the war of aggression and the neocolonialist rule of U.S. imperialism, liberating the whole of the southern half of our country so dear to our hearts and gloriously ending the longest, most difficult, and greatest patriotic war ever waged in the history of our people's struggle against foreign aggression. . . . We hail the new era in our nation's four thousand year history—era of brilliant prospects for the development of a peaceful, independent, reunified, democratic, prosperous, and strong Vietnam, an era in which the laboring people have become the complete masters of their destiny and will pool their physical and mental efforts to build a plentiful and happy life for themselves and for thousands of generations to come."

**Le Duan's victory speech in Hanoi, May 15, 1975.**

American prisoners of war and more than five thousand South Vietnamese captives. A bill in Congress committed Nixon to withdrawing all troops by August 15. The only Americans left behind in Vietnam after this date would be civilians. In spite of this agreement, relations between North and South Vietnam remained as bad as ever. ARVN forces continued to fight throughout 1973 because Thieu refused to negotiate with communists, adopting a policy he called the "Four No's." Senior figures in the South remained fearful about Nixon's commitment to protect the right of self-determination in South Vietnam. At the same time, appalling economic conditions in South Vietnam and antigoverment demonstrations by Buddhists and other groups further weakened the position of the Saigon government. Believing that the U.S. authorities might not protect Saigon, Thieu ordered NVA troops to head southward. After gaining Phuoc Long in the highlands and then Pleiku and Kontum, North Vietnamese troops could be found throughout the South.

The South Vietnamese army fell apart, and hundreds of thousands of refugees tried to flee. The decision not to intervene was made by the new president of the United States

**Below:** *Vietnamese soldiers commemorate the twenty-fifth anniversary of the fall of the pro-United States regime in Saigon.*

**Above:** *A CIA employee helps evacuees onto an Air America helicopter from the top of 22 Gia Long Street, one-half of a mile from the U.S. Embassy.*

Gerald Ford, and the last Americans were whisked away from Saigon in helicopters as the communists approached. It was a humiliating end to a war that had cost the lives of almost sixty thousand Americans and millions of Vietnamese from both sides of the divide. The jubilant Hanoi government renamed Saigon Ho Chi Minh City in memory of their most famous leader.

> "Saigon, South Vietnam, April 30 - Communist troops of North Vietnam and the Provisional Revolutionary Government of South Vietnam poured into Saigon today as a century of Western influences came to an end.
>
> In Paris, representatives of the Provisional Revolutionary Government announced that Saigon had been renamed Ho Chi Minh City in honor of the late President of North Vietnam. Other representatives said in a broadcast monitored in Thailand that former Government forces in eight provinces south of the capital had not yet surrendered, but no fighting was mentioned.
>
> The transfer of power was symbolized by the raising of the flag of the National Liberation Front over the presidential palace at 12:15 p.m. today, about two hours after General Minh's surrender broadcast."
>
> ***The New York Times*, April 30, 1975**

**Right:** *In February 1975, NVA troops began to flood southward.*

## TIME LINE
## 1973–1975

**JANUARY 23, 1973**
President Nixon proclaims the signing of the Paris Agreement.

**FEBRUARY 1973**
American prisoners of war start to be released.

**MARCH 1973**
The last U.S. combat soldiers leave North Vietnam.

**AUGUST 9, 1974**
Nixon resigns after Watergate. President Ford takes charge.

**FEBRUARY 1975**
North Vietnamese offensive against Saigon begins.

**APRIL 30, 1975**
Saigon falls to communist forces. The Vietnam war is over.

*Beginning in the early 1960s, Vietnam loomed large in American culture. Television broadcasts about the war and films such as* The Deer Hunter, Apocalypse Now, *and the Rambo movies offered very different interpretations of the Vietnam War and its effects. Popular musicians ranging from Bob Dylan to Jimi Hendrix expressed their feelings about the war through their songs.*

**Below:** *Robert De Niro starred as the mentally unstable Vietnam War veteran Travis Bickle in the 1976 film* Taxi Driver.

## THE WAR ON FILM

Although films had been made about the troubles in Vietnam since the start of the war, large scale releases did not follow until the war had begun to draw toward its end. The war was increasingly unpopular with the American public, and as a result the subject was shunned by many Hollywood film makers. Then, in the 1970s, a series of films using the conflict as their subject were released. *Taxi Driver* (1976), while not exactly about the war, featured as its main character a returning veterna who was damaged and deranged. In Francis Ford Coppola's *Apocalypse Now* (1979), a man searches for a U.S. colonel who has disappeared in the jungles of Vietnam. When he finds him, he discovers a man who lives only to kill the North Vietnamese enemy, a figure on the brink of savagery. In the 1980s, the trilogy of Rambo movies, starring Sylvester Stallone, showed another trend in Vietnam films—raw-action war movies whose heroes fought not only a tangible enemy but a U.S. government that often withheld its support from those who would "get the job done." *Platoon*, released in 1986, dramatized the day-to-day life for soldiers in Vietnam, and in 1987, Stanley Kubrick's *Full Metal Jacket* looked at how the brutal shock of military boot camp and its culture could make some men capable of committing war atrocities. More recently, Oliver Stone's *Born on the Fourth of July* (1989)—based on a book by Ron Kovic, a disabled veteran—reflected the changing public view of Vietnam veterans. In Stone's film, Kovic suffers humiliation at boot camp and terrible injury on the battlefield, and returns to rejection at home, only finding redemption and acceptance more than a decade later when the public began to realize the bravery of

> "Day by day I struggle to maintain not only my strength but also my sanity. It's all a blur. I have no energy to write. I don't know what is right or wrong anymore. The morale of the men is low, a civil war in the platoon.
>
> Somebody once wrote: 'Hell is the impossibility of reason.' That's what this place feels like. Hell."
>
> (Chris Taylor)
>
> **Excerpt from the film *Platoon* (1986), directed by Oliver Stone.**

**Above:** *The slogan for Oliver Stone's 1986 film* ***Platoon****—"The first casualty of war is innocence"—expressed the moral problems many soldiers faced in Vietnam.*

"In the last month of school, the marine recruiters came and spoke to my senior class .... It was like all the movies and all the books and all the dreams of becoming a hero come true. 'Good afternoon, men,' the tall marine said. 'We have come today because they told us that some of you want to become marines.' He told us that the marines took nothing but the best.... The tall marine spoke in a very beautiful way about the exciting history of the marines and how they had never lost and America had never been defeated.... As I shook their hands and stared up into their eyes, I couldn't help but feel I was shaking hands with John Wayne and Audie Murphy."

**Excerpt from *Born on the Fourth of July*, by Ron Kovic.**

## TIME LINE 1975–1978

**APRIL 30, 1975**
The U.S. trade embargo is extended to cover all Vietnam.

**JULY 1976**
Vietnam is formally reunified. More than six hundred thousand people are moved from Ho Chi Minh City (formerly Saigon) to rural areas in a resettlement plan.

**DECEMBER 1978**
Vietnam invades Cambodia and topples Pol Pot's Khmer Rouge government, ending its reign of terror.

**1979**
Western European countries and noncommunist Asian nations support a U.S.-led embargo against Vietnam in protest of Vietnam's invasion of Cambodia.

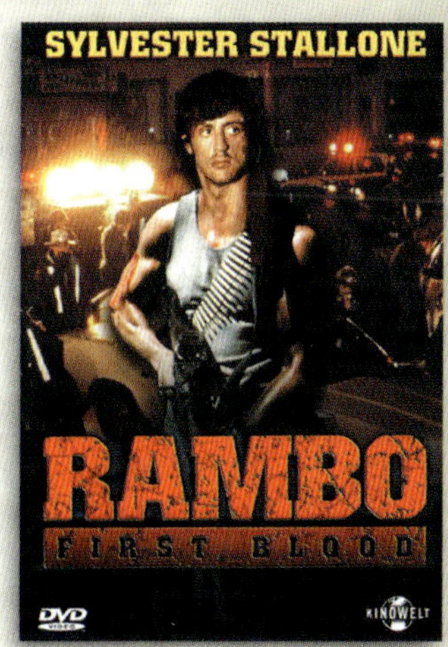


**Above:** *The DVD cover of the 1982 film that stars Sylvester Stallone as the persecuted Vietnam veteran John Rambo.*

**Below:** *Bob Dylan was a key figure in the antiwar movement.*

the veterans who had fought for the United States. The Vietnam War was also captured on film by North Vietnamese cameramen. Numerous documentaries not released in the West were shown in Vietnam and other communist countries. Today, there are plans to make many of these films available to people outside Vietnam for the first time.

## THE WAR ON VINYL

From the moment the conflict in Vietnam began, popular music in the United States began to reflect the tensions it provoked. Famous protest songs of the era included "Last Train to Clarksville," by The Monkees, which is about a man on his way to an army base, knowing he may die in Vietnam ("I don't know if I'm ever coming home") and Creedence Clearwater Revival's "Fortunate Son," the tale of a working-class soldier unable to dodge the draft because he "ain't no Senator's son." Protest through music continued at the Woodstock festival, held in 1969. Many of the artists who performed at Woodstock, including Joan Baez and Country Joe, made antiwar speeches. After the Kent State University shootings in 1970, "Ohio," by Crosby, Stills, Nash, and Young, angrily attacked the actions of the National Guard. Not all musicians, however, were against the war. Artists including Johnny Cash stood up for the soldiers fighting in Vietnam, saluting their bravery in defending their country and criticizing the actions of the protesters who jeered them upon their return.

## ARTISTS AND THE WAR

Art also played an important role in shaping opinions during the war. During the Vietnam War, the U.S. Army sent teams of soldier-artists into the field to create a visual

"I got a friend named Whiskey Sam
He was my boonierat buddy for a year in Nam
He said is my country just a little off track
Took 'em twenty-five years to welcome me back
It was a real slow walk in a real sad rain
And nobody tried to be John Wayne
I came home, but Tex did not
And I can't talk about the hit he got
I got a little limp now when
I walk Got a little tremolo when
I talk But my letter read from Whiskey Sam
You're a walkin' talkin' miracle from Vietnam"

**"Drive On," by Johnny Cash (1963).**

"How many roads must a man walk down
Before you call him a man?
Yes, 'n' how many seas must a white dove sail
Before she sleeps in the sand?
Yes, 'n' how many times must the cannonballs fly
Before they're forever banned?
The answer, my friend, is blowin' in the wind,
The answer is blowin' in the wind."

**"Blowin' in the Wind," by Bob Dylan (1963).**

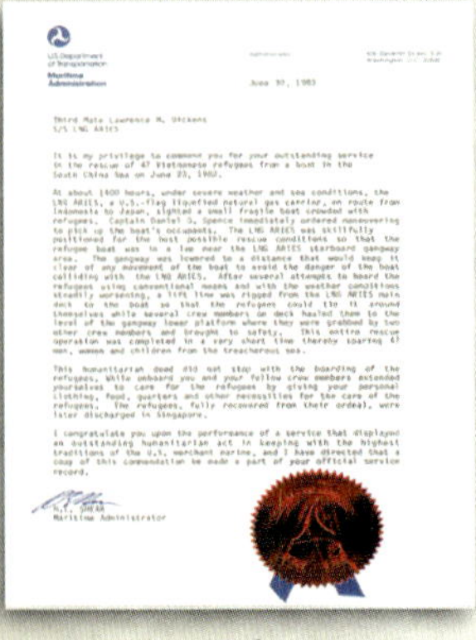

U.S. Department of Transportation
Maritime Administration

June 30, 1983

Third Mate Lawrence M. Dickens
S/S LNG ARIES

It is my privilege to commend you for your outstanding service in the rescue of 47 Vietnamese refugees from a boat in the South China Sea on June 23, 1982.

At about 1400 hours, under severe weather and sea conditions, the LNG ARIES, a U.S.-flag liquefied natural gas carrier, en route from Indonesia to Japan, sighted a small fragile boat crowded with refugees. Captain Daniel G. Spence immediately ordered maneuvering to pick up the boat's occupants. The LNG ARIES was skillfully positioned for the best possible rescue conditions so that the refugee boat was in a lee near the LNG ARIES starboard gangway area. The gangway was lowered to a distance that would keep it clear of any movement of the boat to avoid the danger of the boat colliding with the LNG ARIES. After several attempts to board the refugees using conventional means and with the weather conditions steadily worsening, a lift line was rigged from the LNG ARIES main deck to the boat so that the refugees could tie it around themselves while several crew members on deck hauled them to the level of the gangway lower platform where they were grabbed by two other crew members and brought to safety. This entire rescue operation was completed in a very short time thereby sparing 47 men, women and children from the treacherous sea.

This humanitarian deed did not stop with the boarding of the refugees. While onboard you and your fellow crew members extended yourselves to care for the refugees by giving your personal clothing, food, quarters and other necessities for the care of the refugees. The refugees, fully recovered from their ordeal, were later discharged in Singapore.

I congratulate you upon the performance of a service that displayed an outstanding humanitarian act in keeping with the highest traditions of the U.S. merchant marine, and I have directed that a copy of this commendation be made a part of your official service record.

H.T. Shear
Maritime Administrator

**Above:** *This certificate recognizes the bravery of Canadian Lawrence M. Dickens, who helped to rescue Vietnamese "boat people."*

*Thirty years after the end of the Vietnam war, the war continues to provoke debate in the United States and around the world. After U.S. troops left Vietnam, the battered and bombed country had to begin the process of rebuilding. Back home, veterans had to take their places in society, and the United States had to take another look at its position in the world. Today, relations between the United States and Vietnam have been restored, but the issue of Vietnam has not disappeared.*

## THE LEGACY IN VIETNAM

After their victory, which reunified Vietnam, the Hanoi government had to piece together a country badly bruised and divided by the war. For the next twenty years, the country would be one of the poorest in the world, due to the damage inflicted by the war and also the disastrous economic policies implemented by the communist regime. In neighboring Cambodia, the U.S.-backed Lon Nol government collapsed, and the Khmer Rouge rose to power and commited a genocide that claimed the lives of 1.7 million people, or about 26 percent of the population. When hundreds of thousands of Cambodian refugees poured over the border to Vietnam, the Hanoi government decided to invade Cambodia, provoking an attack from China, Cambodia's ally. Vietnam found itself isolated internationally and drawn into a bloodbath that cost the lives of more than fifty thousand Vietnamese people by the time troops finally left Cambodia in 1991.

"Affected areas covered 75 miles [120 kilometers] east-west and 93 miles [150 kilometers] north-south. Five minutes was all that was needed to wither tapioca, sweet potato . . . and banana plants. Livestock suffered heavy injuries. . . . Most of the river fish were found lying dead on the surface of mountain streams and brooks. The three days of chemical attack poisoned scores of people, took the lives of about ten and inflicted a "natus" disease (with symptoms like a severe rash) upon eighteen thousand inhabitants."

**A Vietnamese peasant describing a three-day chemical attack near Da Nang in February 1966.**

**Right:** *A U.S. plane drops the chemical Agent Orange over a North Vietnamese jungle. Agent Orange was used to kill foliage under which enemy troops may have been hiding.*

### A POISONED LANDSCAPE?

The war in Vietnam left a deadly legacy that stayed long after U.S. troops went home. U.S. forces sprayed Agent Orange, a chemical cocktail containing the poison dioxin, over the jungle to remove cover under which Viet Cong troops might hide. Today, the rates of cancer in Vietnam are much higher than in surrounding countries, and doctors attribute this to the effects of Agent Orange. The chemical also had a highly damaging effect on farming because areas stripped by Agent Orange were later overrun by weeds. Another dangerous legacy of the war are the land mines that are still hidden around the country. In some places, the ground is studded with unexploded bombs and shells that can explode when land is farmed, cleared, or walked over.

### PERSECUTED PEOPLE

Between 1975 and 1990, more than one million frightened Vietnamese fled the country, many seeking refuge in the United States. Some were so desperate to escape that they left Vietnam in tiny fishing boats to sail to freedom, gaining the name "boat people." Many of those South Vietnamese who stayed in Vietnam found themselves persecuted by the new regime because of their collaberation with United States troops. Hundreds of thousands of South Vietnamese were imprisoned and tortured by the communist authorities or sent to concentration camps. Employment prospects for people from South Vietnamese families that had helped the U.S. forces were also severely hampered because the new regime forced

> "I saw hundreds of people trying to escape the thick black smoke rising up into the gray sky. All our homes, the entire village, was in flames. People had grabbed what belongings they could carry before they left. Some had bicycles to carry their possessions, others had baskets or push carts. Little children were carried by older brothers and sisters or pulled along by harassed mothers, arms full of bundles.
>
> "When we got into the boat, I liked watching fish swimming in the water and all the boats around us. It was like an adventure for me. I did not understand what was really happening. My mom was holding my little sister, and she was crying, but I didn't understand, I was too excited."
>
> **Anh and Kim's account of their escape from Vietnam.**

**TIME LINE**
**1982–1987**

**NOVEMBER 11, 1982**
The Vietnam Veterans' Memorial, known as "the Wall," is dedicated in Washington, D.C.

**1985**
The Hanoi government says it is still holding ten thousand inmates in "re-education" camps. Some people believe the actual number is forty thousand. Ho Chi Minh City mayor Mai Chi Tho tells Western reporters that "socialist transition" will not be complete until 2000.

**AUGUST 1–3, 1987**
A special envoy of U.S. president Ronald Reagan, General John Vesey, visits Vietnam to discuss humanitarian issues of interest to both countries.

**Right:** *After U.S. forces left Vietnam, thousands of "boat people" fled the country because they feared the new communist regime.*

**Above:** *Many people who left Vietnam settled in the United States and had children. These Amerasian young women are a reminder of the history between Vietnam and the United States.*

them to declare this fact when applying for jobs. For the many Vietnamese women who gave birth to children conceived in relationships with U.S. soldiers during the war, life in the new Vietnam was even harder. Mixed-race children were given the names "con lai" ("half-breed") or "bui doi" ("the dust of life"), while their mothers were frowned upon in Vietnamese society. In the words of Mai Thi Kim, the mother of an Amerasian child: "When you gave birth to a mixed kid, in the countryside, they hold many prejudice against you."

**Below:** *The Vietnam Veterans Memorial wall was dedicated in November 1982. The tradition of leaving gifts at the base of "the wall" began before it was even completed.*

The wall begins on panel 1E with the following inscription: "IN HONOR OF THE MEN AND WOMEN OF THE ARMED FORCES OF THE UNITED STATES WHO SERVED IN THE VIETNAM WAR. THE NAMES OF THOSE WHO GAVE THEIR LIVES AND OF THOSE WHO REMAIN MISSING ARE INSCRIBED IN THE ORDER THEY WERE TAKEN FROM US" From panel 1E to panel 70E, which is dated May 25, 1968, the East wall appears to recede into the ground. It resumes at the end of the West wall at panel 70W. The West wall appears to emerge from the ground, continuing at May 25, 1968, and ending with the panel dated 1975, with the inscription: "OUR NATION HONORS THE COURAGE, SACRIFICE AND DEVOTION TO DUTY AND COUNTRY OF ITS VIETNAM VETERANS. THIS MEMORIAL WAS BUILT WITH PRIVATE CONTRIBUTIONS FROM THE AMERICAN PEOPLE. NOVEMBER 11, 1982"

**The Vietnam Veterans Memorial wall, Washington, D.C.**

Because it was very difficult to leave Vietnam after 1975, the option of joining their fathers in the United States was not available. In 1987, however, with relations improving between the United States and Vietnam, the U.S. congress passed the Amerasian Homecoming Act. By 1994, twenty-five thousand Amerasians had arrived in the United States.

## VIETNAM VETS AND THE WALL

When U.S. forces returned from the war, many found it very hard to settle back into civilian life. Some suffered mental illnesses as a result of what they had experienced in the jungles of Southeast Asia and had to cope in a society which, at first, showed little sympathy for their plight. Those in need of medical help often found themselves treated harshly by doctors. Divorce, alcoholism, and even homelessness remain common among Vietnam veterans. It is estimated that about one-quarter of all homeless people on the streets of the United States are Vietnam veterans. In 1982, however, the U.S. government took a major step toward showing appreciation for the Vietnam veterans: the building of the Vietnam Veterans Memorial in Washington, D.C. Designed by Maya Ying Lin, it bears the names of 58,325 U.S. soldiers killed in Vietnam.

## THE MIA ISSUE

After the war ended, many U.S. soldiers who had fought could not be found. They were categorized as "MIA," or "missing in action."

"Thank you for your letter concerning Prisoners of War and Missing in Action service members. Your accounting of Wade Lynn Ellen is tragic and, as you concluded, is an unfinished event that deserves to be resolved.

There have been several initiatives before the 106th Congress to address the issue of Prisoners of War and Missing in Action service members. These measures include:

House Concurrent Resolution 311: Expresses the sense of Congress that the United States should continue to actively pursue efforts to achieve a full accounting of all members of the Armed Forces who remain unaccounted for from previous conflicts, particularly the Korean War and the Vietnam War, and to continue and maintain programs and procedures for achieving a full accounting of all military personnel who become prisoners of war or missing in action in future conflicts.

Once again I thank you for contacting me on this very important matter, and I am moved by the concern and compassion you displayed for a fellow American.

Kind Regards,
Senator Warner"

**August 23, 2000 ~ Response from Senator John Warner**

A survey taken shortly after the war showed that many Americans thought that MIA soldiers might still be imprisoned in North Vietnam. Teams of Americans were sent to Vietnam to search for them or their remains. The authorities in Hanoi allowed this in the hope of encouraging better relations between the two countries. Some ordinary Vietnamese, however, were offended when Americans dug up graves in cemeteries, disturbing the bodies of their relatives in the process. Today, only a few Americans still believe that U.S. soldiers continue to be held in North Vietnam.

## RELATIONS WITH VIETNAM

The United States and Vietnam were not willing to consider repairing

**Below:** *U.S. servicemen and women carry a coffin containing the remains of a soldier recovered in Vietnam's central provinces. About eighteen hundred U.S. personnel are listed as missing in action.*

## TIME LINE 1988–1995

**SEPTEMBER 29, 1990**
Foreign Minister Nguyen Co Thach meets Secretary of State James Baker in New York.

**NOVEMBER 11, 1991**
The U.S. government officially allows American tourists, veterans, journalists, businessmen to visit Vietnam.

**NOVEMBER 1994**
President Bill Clinton visits Hanoi and receives a warm welcome. The United States embargo on Vietnam is lifted the same year.

**JANUARY 27, 1995**
The United States and Vietnam establish liaison offices in each other's capitals.

**JULY 11, 1995**
President Clinton announces the normalization of relations with Vietnam.

**Below:** *Many Vietnam veterans—no longer made to feel ashamed of their involvement in the war—wear badges that show that they served in Vietnam.*

*Below:* American veteran of the Vietnam war Bill Dyke hugs his former enemy, retired North Vietnamese army soldier Mai Thuan, during a groundbreaking meeting between veterans from both sides of the Vietnam War, in Hanoi, on April 26, 2000.

relations for many years after the war ended. When Vietnam invaded Cambodia, the United States, together with countries of Western Europe, placed a embargo on Vietnam. As recently as 1991, the United States prevented the International Monetary Fund (IMF) from granting economic aid to Vietnam. But by the 1980s, contact between the two nations had begun to grow, aided by Vietnam's cooperation on the MIA issue and Vietnam's withdrawal from Cambodia. In 1991, the United States and Vietnam agreed to establish an office in Hanoi to help to determine the fate of MIA soldiers, and the U.S. government gave Vietnam a road map toward the restoration of normal relations. Later that year, the United States lifted a ban on its citizens traveling to Vietnam. In 1994, President Clinton lifted the U.S. embargo on Vietnam. The following year, diplomatic relations resumed. Today, many Western tourists, including visitors from the United States, travel to Vietnam. Misunderstandings still occur—an American plan to open a chain called Uncle Ho's Hamburgers was not well received—but tourism is now one of the biggest industries in Vietnam.

## U.S. FOREIGN POLICY

It can be argued that the Vietnam War had a distinct effect on U.S. foreign policy and made the United States more hesitant to commit its forces to missions around the world in the 1970s and 1980s. Public opinion during the 1980s remained resolutely against the United States becoming involved in "another Vietnam," and polls showed that most people were deeply concerned about possible U.S. military involvement in Central America. It was not until the Gulf War in 1991 that the United States made another

> "Had it not been for Vietnam, President Reagan would have had U.S. troops in Nicaragua and probably several other places. Because of Vietnam, the American people would have none of it, so it didn't happen. Those of us who think the Vietnam War was a terrible mistake should carefully consider how we feel about the Americans who fought there. We should take that thought one step further and realize that many individual soldiers were fighting for their country. They did heroic things for their country. They died for their country. A sacrifice for a cause you believe is right is no less a sacrifice because ten years later it turns out not to be right. Those soldiers' intent was to fight for their country, and that intent was noble."
>
> **Terry Crenshaw, a Vietnam protester posting on a Vietnam Web site in 1996.**

**Above:** *Members of a crowd hold up signs protesting U.S. military intervention in the Middle East in the Gulf War.*

significant commitment of troops in a foreign country. Following victory, President George H.W. Bush's said, "By God, we've kicked the Vietnam syndrome once and for all!," showing a new outlook. The United States also sent forces to Kosovo in the 1990s; to Afghanistan in 2001; and to Iraq in 2003.

In U.S. politics, a Vietnam service record became a badge of honor rather than shame. Vietnam-era military service first emerged as an issue in the 1992 presidential race, when Bill Clinton was accused of draft dodging. In the 2000 presidential race, George W. Bush faced questions about whether he used family connections to avoid serving in Vietnam, and in the 2004 race, he was questioned about his record in the Texas National Guard. In contrast, Bush's 2004 opponent, John Kerry—who received three Purple Hearts while fighting in Vietnam—had a distinguished record in the U.S. Navy. His Vietnam war record confirmed his patriotism to many Americans.

"Beloved, I continue to feel the pain and anguish and loss as deeply as the day I was told you were gone. The new friends I have made, the McAninch family I have recovered, the restored letters and photographs to replace my lost mementos, the web sites I have created for you and them—all have provided solace and some respite for my aching heart. But when you went down into that Valley, when you went back to defend your Marine brothers, my hand was in yours: I went with you; I feel the mortar fragments searing my own chest and back every day, and I groan and rage against the pain and unfairness of your tragedy. Part of me, the best part of me, never returned from Vietnam either. Nothing, nothing can ever replace you in my life."

**Letter from Joan McAninch to Michael McAninch, a marine killed in action in Vietnam in 1969.**

## TIME LINE
## 1995–2003

**AUGUST 5, 1995**
U.S. embassy in Hanoi opened by Secretary of State Warren Christopher.

**APRIL 10, 1997**
Former POW Douglas "Pete" Peterson becomes the first ambassador to Vietnam since the end of the Vietnam War.

**OCTOBER 3, 2001**
The United States Senate approves an agreement normalizing trade between the United States and Vietnam.

**NOVEMBER 10, 2003**
U.S. secretary of defense Donald Rumsfeld meets Vietnam's defense minister Pham Van Tra.

**NOVEMBER 19, 2003**
Navy missile frigate USS *Vandegrift* docks at Ho Chi Minh City, in a symbolic act intended to improve relations between Vietnam and the United States.

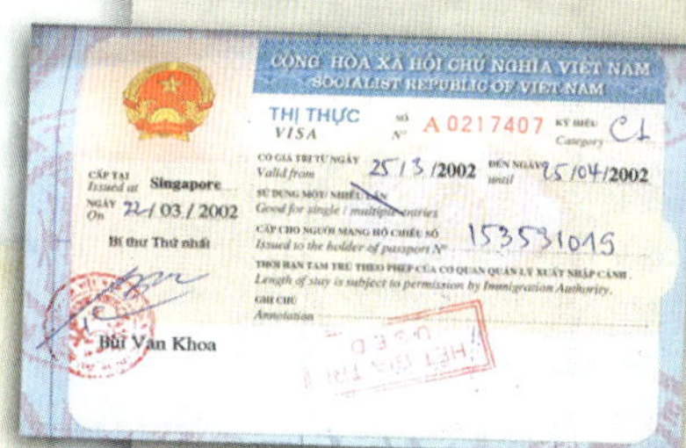


**Above:** *Today visitors from the United States go to Vietnam as tourists, where they are welcomed by the Vietnamese people.*

# CHAPTER 7

# MAJOR FIGURES

*The Vietnam War was run by major figures on both sides. For the United States, presidents Eisenhower, Kennedy, Johnson, and Nixon made major decisions about the war that changed the course of American history. On the Vietnamese side, leaders from both North Vietnam and South Vietnam shaped the conflict. The weakness of the leaders in South Vietnam and their treatment of their citizens often contrasted starkly with the North Vietnamese authorities and contributed to the eventual collapse of the country.*

## UNITED STATES LEADERS

### President Eisenhower

President Dwight D. Eisenhower (right) was born in Texas in 1890. He had a distinguished military career, which included commanding the troops invading France on D-Day during World War II in 1944. Early in the Vietnam conflict, he decided against helping France at Dienbienphu, having previously supported them. Eisenhower was supportive of the Diem regime in South Vietnam, in spite of its unpopularity.

### President Kennedy

President John F. Kennedy was born in Brookline, Massachusetts, in 1917. He was elected president in 1960 and, during his brief presidency, led the United States as a fierce opponent of communism. In the 1960s, Kennedy decided that "Vietnam was the place" to halt the spread of communism and sent U.S. forces to Vietnam to train Vietnamese soldiers. He was assassinated in 1963.

## President Johnson

Lyndon B. Johnson was born in Texas in 1908. When President Kennedy was assassinated, Johnson, who was Kennedy's vice president, took over the presidency. He led the United States deeper into the Vietnam War with the bombing of North Vietnam and increased troop deployment in the country.

## Robert McNamara

Robert McNamara was born in San Francisco in 1916. At the request of President-elect John F. Kennedy, McNamara agreed to serve as secretary of defense of the United States, a position he held from 1961 until 1968. He is known for commissioning the Pentagon Papers.

## President Nixon

Richard Nixon was born in California in 1913. He served in the Eisenhower administration before being elected president in 1968. Despite promising to remove troops from Vietnam during the 1968 elections, a peace agreement was not signed until 1973.

## Henry Kissinger

Born in Germany in 1923, Henry Kissinger came to the United States in 1938. He was appointed national security adviser by President Nixon in 1969, and he helped negotiate the Paris Agreement with Le Duc Tho in 1973.

## SOUTH VIETNAMESE LEADERS

### President Diem

Ngo Dinh Diem was born in Vietnam in 1901. After the Geneva conference in 1954, Diem became the new ruler of South Vietnam. He opposed communism, but after angering Buddhists with his heavy-handed policies and use of violence, President Diem was overthrown by a military coup in November 1963.

### President Thieu

Nguyen Van Thieu was born on April 5, 1923, in Ninh Tvuan, in central Vietnam. He served in the French-supported Vietnam National Army from 1948 to 1954, fighting the pro-communist forces of Ho Chi Minh. Thieu became South Vietnam's head of state under Prime Minister Ky's government between 1965 and 1967. On September 3, 1967, Thieu became South Vietnam's president, a position he held until the communist victory in 1975.

## NORTH VIETNAMESE LEADERS

### Ho Chi Minh

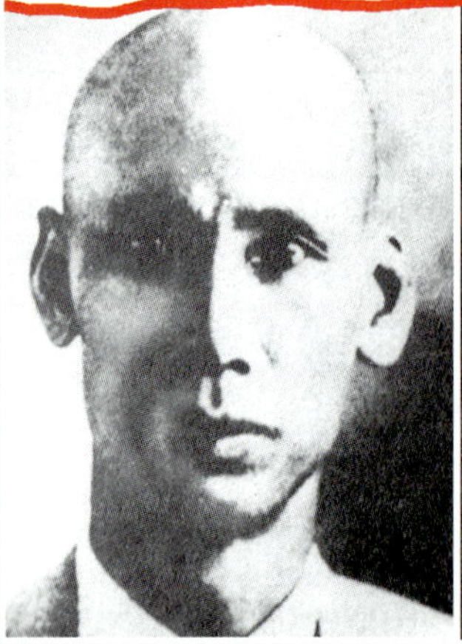

Nguyen That Thanh was born in 1890 in central Vietnam. He became a passionate supporter of the Communist cause while living in Europe between 1915 and 1923. Thanh then moved to Hong Kong, where he founded the Vietnamese Communist Party. In 1941, Thanh created the Vietminh and changed his name to Ho Chi Minh, which means "He Who Enlightens." He proclaimed Vietnam independent from France in 1945, and he continued to fight the French and, later, the United States beginning in 1954. Ho Chi Minh stayed president of North Vietnam until his death in 1969.

## General Giap

Born in 1911, Vo Nguyen Giap became one of the most important military figures in North Vietnam. General Giap made the People's Army of Vietnam (PAVN) into the force that defeated the French at Dien Bien Phu in May 1954. In the fight against the United States, Giap was the architect of the Tet Offensive. He retired in 1973, following the failed Easter Offensive. General Giap was given the Gold Star Order, Vietnam's highest decorative honor, in 1992.

## President Le Duan

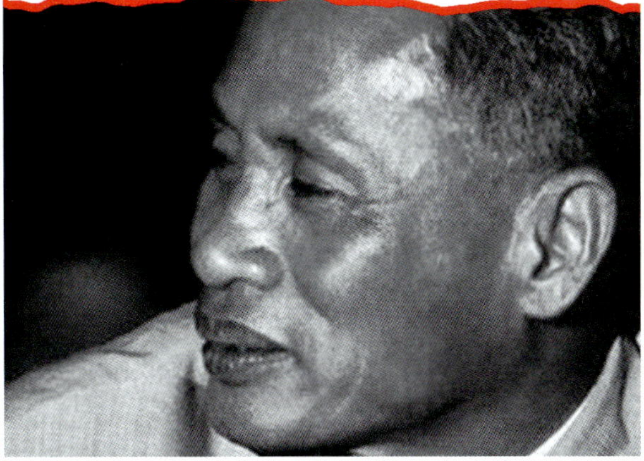

Le Duan was born in 1907, in central Vietnam. He joined the Communist Party as a young man, and by 1959, he was secretary general. Le Duan played a key role in the insurgency in South Vietnam. He was responsible for the creation of the People's Revolutionary Party in 1962, a key part of the National Liberation Front. Le Duan became leader of North Vietnam after Ho Chi Minh's death in 1969.

## Le Duc Tho

Le Duc Tho was born in North Vietnam in 1911. Tho helped found the Indo-Chinese Communist Party in 1930. In 1945, Tho established the Vietnam Revolutionary League, or Vietminh, with Ho Chi Minh and Vo Nguyen Giap. Tho was in charge of the Vietminh until 1954, when he joined the the Communist Party of Vietnam. Tho continued to lead the insurgency in South Vietnam, while, at the same time, negotiating with Henry Kissinger in order reach a peace settlement. Le Duc Tho rejected the 1973 Nobel Peace Prize, which was awarded to himself and Kissinger jointly.

**Agent Orange** a spray containing dioxin, a toxic chemical, that was used to kill vegetation during the Vietnam War in order to reveal enemy hiding places.

**Allies** in World War II, the United States, Britain, France, and other countries that worked together to fight the Axis forces of Germany, Japan, and Italy.

**Amerasian** a person of mixed American and Asian heritage, especially the offspring of a father who was a U.S. serviceman in Asia and a Vietnamese mother.

**ARVN** the Army of the Republic of Vietnam, set up by Diem in South Vietnam to fight communists in North Vietnam.

**assassinated** murdered in a sudden and often secretly planned attack, usually for political reasons.

**boat people** Vietnamese refugees, mainly from the South, who fled the country after 1975 to escape persecution by the communist regime.

**Buddhism** a religion followed by many Vietnamese people that teaches that pain is inherent in life and that a person can be freed of this pain through moral and spiritual purification.

**CIDG** Civilian Irregular Defense Groups; groups set up with the help of the United States to provide surveillance in the mountains of Vietnam.

**civilians** people who are not members of an armed service group, police force, or firefighting force.

**Cold War** the hostile but nonviolent relationship between the United States and the Soviet Union and their respective allies that lasted from the end of World War II until the breakup of the Soviet Union.

**communist** having to do with an individual or government that advocates an economic system run by a dictatorship of the working class that strives for a society in which private property is abolished and all land and factories are collectively owned; a person who advocates communist government.

**Congress** the federal legislative body of the United States, consisting of the Senate and the House of Representatives.

**conscripted** enrolled into military service by compulsion.

**coup** a sudden use of force or pressure in politics, usually by a small group, that causes a change in government.

**credible** giving good reason to be believed.

**democratic** having a system of government where all of a country's population has a vote in choosing who runs that nation's government.

**Eastern Bloc** the communist countries of Eastern Europe.

**genocide** the organanized and deliberate killing of a racial, political, or cultural group.

**guerrilla** a member of a force that engages in the type of warfare, that involves the harassment of an army, usually by small groups.

**ICP** the Indochinese Communist Party, which was set up in Hong Kong in 1929 by Ho Chi Minh.

**Iron Triangle** the name during the Vietnam War for a region northwest of Saigon.

**leap day** an extra day (February 29) inserted in the calendar every four years, in order to keep the calendar in harmony with the rotation of the Earth.

**Above:** *An oil painting by R.G. Smith showing three Vietnamese people awaiting questioning on the deck of a patrol boat.*

record of their experiences. Their art is now on display in the U.S. Army's Center of Military History. Navy combat artists also recorded the scenes they witnessed.

The war also provided inspiration for satirical artists around the world. Cartoonists such as Herblock (Herbert Block) of *The Washington Post* published weekly cartoons that called public attention to what was happening in Vietnam. Herblock's cartoons frequently were highly critical of both U.S. policies in Vietnam and the actions of presidents such as Richard Nixon.

HEADQUARTERS
20TH GENERAL SUPPORT GROUP
US ARMY ASCOM DISTRICT
APO SAN FRANCISCO 96220

Sp instr: Upon completion of TDY in Vietnam EM is placed on 75 days dy w/SSO, Hq USARHAW, APO SF 96557... Indiv must havein poss basic req summer unif, work unif & cbt boots. Plague immun req but tvl WNB delayed except for 1st vaccine dose. Bording pass DA Form 1472 will be reequ for MAC flight overseas. Indiv WB equip w/m17 protective mask & corr lenses if nec prior to dprt this comd. ID tags WB worn while tvl by mil aircraft. Indiv w/have cy of immun rec & valid ID card in poss at all times. Bag alw 66 lbs; personal eff, and an ex bag alw of 30 lbs for art supplies and technical equip. Combat pay of $65.00 per month will be auth while on duty in Vietnam. Per diem will be in accord with JTR.

**This telegram authorizes the supplying of art materials to a soldier artist serving in Vietnam.**

## TIME LINE 1979–1982

**FEBRUARY 1979**
Suspicious of Vietnamese relations with the Soviet Union after the Treaty of Friendship and Cooperation in 1978, China decides to invade Vietnam.

**1982**
About one hundred twenty thousand former members of the deposed Saigon regime, plus critics of the new government and other minorities, are held in "re-education camps."

**MARCH 1982**
Vietnamese Communist Party (VCP) holds its Fifth National Party Congress, in which leaders admit mistakes have been made in rebuilding the country.

**Below:** *This satirical cartoon by Herblock, published August 9, 1972, mocks Nixon's 1968 promise to end the war in Vietnam.*

**MIA** Missing in Action; the label given to soldiers unaccounted for after the end of the Vietnam war.

**monk** a man who belongs to a religious order and lives among other men who belong to the same group.

**nationalist** a person who favors or fights for the unity, independence, and interests of a particular country.

**NLF** National Liberation Front, or Viet Cong; the group formed by communist supporters in South Vietnam in 1960 to organize resistance efforts against the South Vietnamese government and the United States

**NVA** the North Vietnamese Army formed by Ho Chi Minh.

**pagoda** a tower built as a temple or a memorial that has upward-curving roofs at the divisions of each of its several stories.

**PLAF** People's Liberation Armed Forces; the group formed by communist supporters in South Vietnam in 1960 to run the military side of the conflict (*see also* NLF).

**propaganda** information and news presented and spread in such a way that it supports or opposes a particular political message.

**Purple Heart** the decoration awarded by the United States military to a soldier who has been wounded or killed in action.

**republic** a government in which supreme power is vested in the people and their elected representatives.

**retaliatory** done for the purpose of revenge.

**reunify** to rejoin something, such as a country, that has been divided.

**satirical** having to do with the use of wit, irony, or sarcasm to expose and discredit foolish behavior.

**SEATO** South East Asia Treaty Organization; the organization set up among the Unites States and a number of countries to protect Vietnam from aggression.

**self-determination** choice of their own political organization by the people of a geographical region.

**Soviet Union** also known as the Union of Soviet Socialist Republics, or USSR; the large communist country that, until it broke up in 1991, was made up of what are now the countries of Armenia, Azerbajian, Belarus, Estonia, Georgia, Kazakhstan, Kyrgyzstan, Latvia, Lithuania, Moldova, Russia, Tajikistan, Turkmenistan, Ukraine, and Uzbekistan.

**Special Forces** soldiers from a division of the U.S. Army who are trained for guerilla warfare.

**stalemate** a situation in which competing individuals or groups have reached a point at which it is clear that neither can win.

**Tet** the Vietnamese New Year holiday that begins at the second new moon after the winter solstice.

**Vietminh** Vietnamese nationalist organization set up by Ho Chi Minh.

**vilify** to speak abusively of a person in a way that falsely conveys the idea that person is the source of problems or evils.

First published in 2006 by
Gareth Stevens Publishing
A Member of the WRC Media Family of Companies
330 West Olive Street, Suite 100
Milwaukee, Wisconsin 53212


This book club edition first published in 2006.

ISBN-10: 0-8368-7530-3
ISBN-13: 978-0-8368-7530-0


First published in Great Britain in 2005 by ticktock Media Ltd.,
Unit 2, Orchard Business Centre, North Farm Road,
Tunbridge Wells, Kent, TN2 3XF, U.K.

Gareth Stevens editorial direction: Mark J. Sachner
Gareth Stevens art direction and cover design: Tammy West

Photo credits: (b=bottom; c=center; l=left; r=right; t=top)
CORBIS: 2 & 23(b), 4-5, 7(all), 8-9(c), 14(b), 15(t), 16(b), 20(b), 20(t), 26(b), 27(t), 28(b), 29(t), 34-35, 37(b), 38-39(all). Everett Collection: 30l, 31(t). Getty Images: 6(t),12(b), 13(b), 22(t), 25(b), Magnum Photos: 9(b).

Every effort has been made to trace the copyright holders. We apologize in advance for any unintentional omissions. We would be pleased to insert the appropriate acknowledgments in any subsequent edition of this publication.



Printed in China

1 2 3 4 5 6 7 8 9 10 09 08 07 06